大是文化

新冠後，中國與世界的最終戰爭

「コロナ以後」中国は世界最終戦争を**仕掛けて自滅する**

國的疫情
「讓美國再次偉大」，
的下一步如何發展？
況下、誰會自滅？

日本知名評論家　宮崎正弘◎著
林佑純◎譯

目錄

第二章

目錄

第三章

第四章

第五章 疫情太強大，讓全球中國熱急速冷卻

終章

中國將在最終戰爭自取滅亡 231

推薦序一

中國之「黑」

「一個分析師的閱讀時間」版主／黃瑞祥

本書作者宮崎正弘是日本知名的評論家，著作龐雜，其中大多數都是對中國的批判。這本《新冠後，中國與世界的最終戰爭》維持其一貫論述，由新冠肺炎帶來的災情開始，談到中國與日本經貿的糾結，最後再談到中國與各國（特別是美國）的矛盾與衝突。

首先，在新冠肺炎這議題上，我認為作者的論述，反映出日本人在疫情後對中國人的強烈不信任感。特別是，作者撰寫本書的時間點恰好是疫情最嚴重、東京奧運也宣布停辦之時。瘟疫不止，日本人對中國的好感度恐怕也很難提升。本書也批判了當時安倍政府親中的政策，如今新任首相菅義偉上臺，日本對中的政策會不會大幅調整，確實很需要持續觀察。

其次，作者定調「中美貿易戰」，並非只是中國對抗美國的貿易戰爭，而是一場中國對抗全世界的戰爭。就這點來說，我認為相當正確。過去二十年，全球經濟的發展以中美合作為主軸發展，如今隨著貿易戰不斷延燒，全球供應鏈很可能會由一條裂解為兩條，並各自以中國與美國為核心。作者原本預言川普連任的機會很大，但隨著拜登當選，宮崎這個預言看起來是失準了。不過，供應鏈裂解、企業被迫選邊站的情況，恐怕不會隨拜登當選而逆轉。

最後，作者給出的結論是「中國必亡」。像這樣的中國滅亡論，其實幾十年來一直有人在提，但中國還是依靠自己的玩法，逐漸成為全球唯一有機會挑戰美國霸主地位的強權。中國的結構性問題一直都在，挖東牆補西牆的做法也始終沒有斷過，但隨著中國建立出一套不同於民主國家的系統後，我們好奇的是：這個體系到底能維持多久？

我們對十三號星期五的印象總是「黑」，作者宮崎正弘在這本書裡談的，也恰好是中國「黑」的部分。如今中國確實面臨許多危機，而這些危機，其實都是再也沒有東牆可以挖、因而岌岌可危的西牆。過去二十年來，中國以靠著快速的經濟成長，抵銷了貧富差距擴大、社會難以流動、國家監視更加滲透生活的問題，但當經濟成長不再能維持高檔，這些問題就會很快惡化。

二〇二〇年十月，中國官方揭露「十四五計畫」，能看出中國開始將重心放在內需經濟、不再強調高經濟成長的新方向。宮崎看到的問題，中國官方顯然也看到了，至於後續能否處理？現在下定論言之過早。畢竟二〇二〇年後的世界新秩序，現在才正開始重建而已。

推薦序二

新冠後，中國成「孤家寡人」，臺灣尋求與國際社會合作

臺灣師範大學政治學研究所、東亞學系教授／范世平

日本著名的評論家宮崎正弘先生，在本書《新冠後，中國與世界的最終戰爭》中提到，他認為「武漢肺炎」疫情促使世界各國採取管制措施，人流、物流與金流全面受阻，全球化面臨史無前例的挑戰。由於過去中國的經濟發展受惠於全球化，因此嚴重受挫，全世界將會往「去中國化」的方向邁進，「親中」將會導致毀滅，中國也將在最終戰爭中自取滅亡。另一方面，武漢肺炎疫情也造成中國工廠紛紛停工，仰賴中國供應鏈的企業均深受其害。

但是宮崎正弘也認為，中國雖然遭受疫情打擊，卻也打算利用疫情的大流行，進一步奪取世界霸權，世界秩序將會快速轉變。而且，中國將侵蝕日本的經濟。

現在看來，這次武漢肺炎，臺灣的防疫是成功的，也成了世界模範生，獲得舉世稱讚；而中國卻是武漢肺炎的罪魁禍首，被千夫所指、成了「孤家寡人」；當臺灣自動自發的超越黨派與藍綠、全民團結一致防疫時，中國卻用國家暴力逼迫西藏、新疆、內蒙、香港「被團結」；當臺灣的經濟在武漢肺炎疫情後逆勢增長，股市和房市大漲，臺灣晶片獲得了舉世矚目，但中國卻是內憂外患，天災人禍不斷，經濟前景晦暗不明。

事實上，美國駐聯合國大使克拉夫特（Kelly Craft）於二〇二〇年九月二十九日的「臺美日」活動致詞時表示，臺灣是良善的力量，世界需要臺灣完整參與聯合國，尤其在公衛和經濟發展等事務上，「沒有臺灣的聯合國是自欺欺人、欺騙世界」。

克拉夫特表示，自二〇一六年川普與蔡英文通話開始，川普便已經改變對中華人民共和國的態度，美國和臺灣等夥伴為了民主與更美好的世界而合作。克拉夫特批評中國共產黨畏懼自由和開放社會，打壓臺灣國際地位，例如北京阻擋臺灣當局警示武漢肺炎病毒會人傳人，「我們需要臺灣的專業及經驗」。

克拉夫特也分享臺灣的口罩國家隊經驗，作為公私合作的範例。她當時強調，臺灣國際角色重要，且是美國總統川普信賴的朋友，這也是川普政府與臺灣和日本合作，建立全球合作暨訓練架構框架（ＧＣＴＦ）的原因。臺灣理應擁有寬廣平臺，分享其在數位、科學、醫療及通訊等領域傲人的創新與專業。

這是克拉夫特再次提到支持臺灣加入聯合國，也是再度提到川普支持臺灣。二〇二〇年九月十七日，克拉夫特與臺灣駐紐約辦事處處長李光章共進午餐，之後接受媒體訪問時，稱這場與臺灣官員的餐會是「歷史性會面」，並直言美國正在推動臺灣重返聯合國，她說：「我一直想做總統覺得對的事，我認為總統一直在努力強化與臺灣的雙邊關係，所以我想代表政府繼續保持這種關係。」

克拉夫特作為川普政府極為重要的外交高層工作人員，在不到一個月內兩次提到臺灣，顯示力挺臺灣的立場甚為堅定。反之，中美關係在武漢肺炎爆發後，則是每況愈下，再也回不去了。

序章

新冠疫情後，世界將出現的典範轉移

前些日子，美國川普（Donald Trump）政府將「武漢新冠肺炎病毒」（按：臺灣的正式名稱為「嚴重特殊傳染性肺炎」，簡稱COVID－19，或稱為新冠肺炎）稱作「中國病毒」（本書的部分內容中，也會提及這個稱呼）。或許總有一天，疫苗的問世將終止這場前所未聞的災禍。但歷經新冠肺炎的疫情後，世界又將怎麼變化？

各國紛紛封鎖國境，進入實質上的鎖國狀態，經濟活動自然也陷入停滯、癱瘓，世界上大半的人口都選擇長時間「繭居在家」。本書介紹的，不僅是世界各國表面上的改變，也包括今後可能大規模產生的「典範轉移」。

現階段看來，至少在文明價值觀上，出現了大幅變動的徵兆。以經濟現象來說，可能會拿這次的疫情與房市泡沫化危機，或是雷曼風暴引發的金融海嘯相比較，不過像新冠肺炎這樣突然席捲全球的災難，在某種程度的意義上，其實比較接近東日本大震災引發的巨大海嘯，或是福島核災事故。再這樣下去，日本很可能還沒擺脫「失落的二十年」，就必須迎向下一個「失落的三十年」。因此，我們必須站在世界史的角度，思考今後可能發生的事態。

企業撤出中國，全球化不再

第一項，全球主義將出現大幅倒退的趨勢。光就過去兩、三年間的動向看來，透過圍繞著中方的爭議，進步派、自由派、左派所倡導的全球主義也將漸趨式微。

與全球主義相對的是馬克思主義。全球主義者為促進經濟貿易，提倡應鬆綁國家的入境管制，背後的終極目標則是消滅國境。

在民航業、觀光業自由發達的今天，人們在交通移動上更便利，但也讓宛如蝗害難題的「難民」問題擴及世界各地。人流、物流、金流的自由移動，潛藏著全球主義消滅國家的終極目標。但也正因新冠肺炎疫情影響，以歐美為中心的各國皆封鎖邊境，禁止外國人入境。日本也從四月開始實施這項政策，一天只有極少數幾班飛機能夠入境。

在這同時，川普政府對中國採取的封鎖戰略也逐漸起了效果，全球供應鏈面臨劇烈的結構性變化。

中國一直以來被稱作「世界工廠」，不知不覺間已成為全球供應鏈的主軸。由韓國、臺灣供應半導體，日本供應主要零件與引擎，在中國組裝後將商品輸出至美國，中國賺錢賺到笑得合不攏嘴，更將大半獲利都投注在擴大軍事力量上。

川普政府為澈底改變這種結構，首先以調高關稅為手段，正式展開貿易戰爭。為求妥善保護智慧財產權及安全維護方面的高科技防衛，美國國會並於二〇一八年八月通過了出口管制改革法（簡稱ECRA），並列舉實體清單（EL），禁止美國企業與威脅美國國防的個人、團體交易，其中也登錄了包括華為在內的中國企業，並積極揭發間諜。

過去曾有「輸出管制統籌委員會」（簡稱COCOM）禁止出口至西方諸國共產圈國家，ECRA可說是它的翻版，而且不僅限於美國企業，外國企業如果銷售內含美國尖端技術的相關產品給實體清單上的企業，今後就不能再和美國企業做生意。

因此，日本也很難再透過，事實上擁有牴觸「新COCOM」的技術的企業，向中國輸出高科技產品。

自二〇一九年起，臺灣也縮小了在中國生產產品的規模，逐步將工廠移轉至美國。日本遲了一步，卻只高喊著擴大友好、「日中新時代」的謊言，結果陷入混亂。

二〇一五年五月，習近平政權喊出「中國製造二〇二五」的口號，打算讓中國在二〇二五年成為製造大國，並於二〇一九年美中貿易戰陷入白熱化之際，宣告將在三年內自製半導體。

美國也因此以「中國製造二〇二五」為明確目標，開始監控產品內包含美國尖端技術的西方企業。日本產業界應該從數年前，就已經選擇了「China plus one」（在中國以外的國家也設立製造據點）的戰略方針，但面對這樣的急速轉變，卻顯得有些手足無措。許多企業仍無法擺脫依賴中國的泥沼。不過，也有部分企業為了分散風險，早已將製造據點移往東協各國（ASEAN）。

最根本的問題，還是在於該如何脫離以中國為主軸的供應鏈，這至少需要三年到五年的時間。在汽車製造方面，也不可能突然關閉中國境內的汽車工廠，如果要重組供應鏈，至少要在日本國內增設新的工廠，或是必須再建構其他的亞洲據點。此外，想必中國也會使盡各種手段，阻礙外國企業撤出。

這麼一來，**要從根本達成「中國製造只是一個選項」（China as one of them）的供應鏈根本性大改革，至少需要五年左右的時間**。而且必須在日本企業願意跟隨美國強硬主導的前提下，才得以實現。

關係到的不僅是半導體和汽車，也包括對於歐美至關重要的醫療用品及製藥產業。

全球口罩供應持續失衡，截至二〇二〇年四月，仍有許多藥局和藥妝店門口張貼著「口罩售完」的標示。事實上不只日本，全世界有許多國家，過去一直仰賴中國製造的口罩。

荷蘭雖然從中國緊急進口了一百三十萬片口罩，其中卻有六十萬片不符合醫療使用的標準，由於不符合抗病毒的美國標準N95規格防護級別，荷蘭直接退貨給中國。在中國，甚至曾有知名藥局（康伯馨）販售偽造的3M防護用口罩，結果事跡敗漏，經營者因此遭到逮捕。

二〇二〇年四月九日，義大利的累積死亡病例數達一萬八千兩百七十九人，成為全球疫情中死亡人數最高的國家，同時也面臨了呼吸器不足的問題。義大利的呼吸器製造廠，也同樣是從中國進口必須的組裝零件。

如前述情況，中國在不知不覺間成為製藥、醫療用品生產大國，卻還是發生這些醜事，也真是令人訝異。過去歐美國家紛紛投資、援助中國開發，而中國政府也輔助培育、投入巨額預算。再加上二〇一八年開始，在歐美醫療相關、醫學、生物科技等大學和研究機構留學的中國人，有多達二十五萬人學成歸國。

以現況來說，「美國八〇%至九〇%的抗生素、七〇%的退燒與止痛藥、四〇%作為防止血栓形成藥物的肝素（heparin）等，都得依賴中國」（櫻井良子〔暫譯〕，「日本文藝復興」專欄，《週刊新潮》，二〇二〇年四月二日號）。

說到醫藥用品，想必各位都會先想到美國、德國、瑞士及日本吧。

由於生產成本低廉，歐美的製藥企業紛紛將生產據點移往中國。原本提到生產學名藥（按：專利過期後，由其他合格藥廠以同樣成分、製程生產的藥品），大家都會想到印度，但事實上中國製藥業大舉出口產品至西方各國，奪去了廣大的市占率，就連日本和美國也十分依賴中國。醫藥用品也列進「中國製造二〇二五」的目標之一，「醫藥用品也從『中國製造』（Made In China）成了『中國發明』（Invented in China）」（英國新聞週報《經濟學人》〔*The Economist*〕，二〇一九年九月二十八日號）。

中國早已掌握了「醫藥」——這個西方諸國的致命弱點，作為與各國談判交涉的籌碼。

二〇二〇年三月十七日G二〇（二十國集團）元首級視訊會議後，在美中元首的電話會談中，習近平甚至對川普說出主旨為「願意主動伸出援手」的一番話。

二〇一〇年，中日圍繞釣魚臺列嶼問題發生衝突時，中國藉由限制出口稀土金屬，逼迫日本在此問題上就範，引起大騷動。現在中國又想透過停止輸出抗生素等藥劑，來進一步威脅美國。

中國乘著全球化浪潮大幅成長，現在已經無視自身面臨的危機，致力於阻止其他國家的民族主義升溫。

第二，就是各國民族主義的復甦。各國利己主義蓬勃發展，川普在邊境興建高牆的一番言論，也可視為民族主義的再起。入境限制、拒絕入境、簽證禁令等措施，也形成一道「看不見的高牆」。在新冠肺炎疫情之後，各國都進入了鎖國狀態。拚命保護自身國家的民族主義就此復活。

民族主義急速復甦，各國紛紛鎖國

川普政府在二〇一七年十一月七日，俄國十月革命一百週年時發表公開演說，悼念在共產主義下犧牲的受難者們。

「在此讚頌世界各地為擴展自由與機會而戰的人們、他們不屈的精神。美國為了這些殷切盼望更光明、自由的未來的人們，再次表明堅定意志、讓自由的光輝再度耀眼。」

江崎道朗所著《日本外務省掌握的蘇聯對美情報》（暫譯，育鵬社出版。外務省類似臺灣的外交部）提到，這場演說有以下四項重點：

一、川普的演說，「雖然強調了共產主義的問題點，但也展現出美國現今其實與共產主義有所共鳴，敵視自由主義與民主主義的風潮」正逐漸在美國擴大。

二、「造成二十世紀最大犧牲的不是戰爭，而是共產主義」。

三、這份威脅現在還在持續中，「（川普）了解共產主義及其變形——極權主義的威脅，在北韓和中國是現在進行式」。也就是說，「美中貿易戰的背後，隱含著川普對於共產主義的這項見解」（這裡所謂的共產主義，可解釋為全球主義）。

四、儘管打著美國優先（America First）的大旗，但與同盟國家強力共同合作，也是川普的外交骨幹。

即便歐洲看似極度厭惡、痛斥川普，歐洲議會也同樣選擇「與極權主義對抗」的決議，與川普站在同一陣線。但日本提倡自由派的媒體，卻意圖迴避這項重要資訊，僅以極小的篇幅來報導。

高唱「一個歐洲」立場的歐盟執行委員會，在疫情爆發後也轉趨沉寂。因為主要的成員國德、法兩國封鎖了邊境。在這樣的情況下，為什麼許多日本企業仍未盡快將生產據點，從中國移回日本國內？

日本企業在海外雇用的員工數達四百三十一萬人。其中有四分之一是中國人，其餘不到四五％是來自中國以外的亞洲各國。日本產業的空洞化，造成國內大量失業。但這其中卻有明顯的矛盾。畢竟，「一名日本勞工的薪水，可以在中國雇用十名勞工」的說法，已經是十年前的事了。現在一名日本勞工的薪水，只能在越南請到五名勞工，發展中國家不斷上揚的人事成本，已經削減了日本企業前往海外設廠的優勢。

二〇二〇年三月二十七日，美國為了防止臺灣在外交上遭受孤立，正式通過《臺北法》（*TAIPEI Act*），法案的相關內容將在之後詳述。在《臺北法》成立後，有些臺灣企業得以安心離開中國，例如鴻海精密工業就讓中國的新工廠停止運轉，轉而前往美國增設新工廠，並計畫進軍印度，也決定將部分事業撤回臺灣。全球最大的半導體晶圓代工製造廠台積電（TSMC），也停止在中國生產高科技產品，據說正在物色美國西岸的土地。

日本的斯坦雷電氣（Stanley Electric）也關閉了中國工廠，將部分產線移回新潟縣。但也有日本企業原本在本國沒有生產據點，所有產品都是在國外製造，例如萬寶至馬達（Mabuchi Motor）等，仍會選擇在中國建設新工廠。

隨著新冠肺炎疫情席捲全球，在二〇二〇年三月初，日本政府也終於展開實質行動。藉由日本政策投資銀行（按：為日本財務省所管轄的特殊公司）的擴大融資，緊急出借資金給選擇回到日本國內的企業。

同時也吸引日本國內的工廠往都市以外的地區遷移，光是單一案件，估計少說得花費數億到數百億日圓；此外，即便是將工廠移轉到中國以外其他國家的案件，國際協力銀行（按：日本政府百分之百出資的特殊公司，也歸財務省管轄，擔負日本的對外經濟政策、保障能源安全政策）也會積極提供融資，這些都是具體的「重新配置生產據點」的做法。也就是說，**在政府的支援下，日本默默的往「再見了，中國」這個方向邁進一步。**

「排斥中國」浪潮在全球蔓延

第三項則是，「排斥中國」的趨勢已經擴展為全球性的規模。

最典型的一個事件，就是前述美國通過的《臺北法》。

二〇二〇年三月二十七日，美國前總統川普正式簽署《臺灣友邦國際保護及加強倡議法》（*Taiwan Allies International Protection and Enhancement Initiative Act*）並正式成立，依全名起首字母簡稱為《臺北法》（*TAIPEI Act*）。雖然還未確認日文譯名，但共同通信社採用的名稱則是「臺灣同盟國際保護強化倡議法案」。

二〇一九年秋季，就已在美國參議院通過本法，之後眾議院也於二〇二〇年三月四日由全體一致同意通過，送回參議院再度表決後完成。為防止臺灣孤立以及阻止中國的霸道行徑，藉此向國際呼籲彼此合作，並促使臺灣加入世界衛生組織（WHO）等。在眾議院通過之際，眾議院議長裴洛西（Nancy Pelosi）表示：「要確保臺灣在包括聯合國在內等國際決策舞臺上，享有一席之地。」

之所以如此急促通過《臺北法》，也是因為在武漢病毒的猛烈攻勢下，臺灣即便是以觀察員的身分，都無法加入世界衛生組織。除了美國的聲援以外，日本與加拿大也支持臺灣以觀察員的身分參加。

諷刺的是，疫情擴大後，臺灣在未收到WHO「不應該限制人流移動」建言的情況下，便立刻實施境外管制措施，確診的人數最少；而日本聽從了親中派的世界衛生組織的建言，遲遲未採取行動，疫情卻逐漸擴大。

在川普政府下的美國，支持香港示威者、要求保障香港人人權的《香港人權與民主法》在二〇一九年十一月二十七日正式生效。其後，議院通過了與該法案內容幾乎相同的《維吾爾人權政策法案》以及《西藏政策及支持法案》，等待川普總統簽署生效。（按：二〇二〇年六月十七日，川普已簽署《維吾爾人權政策法案》。）

選在這個時機通過的《臺北法》，主軸便是強化臺美關係，支持臺灣加入不具主權國家限制的國際組織，美國也支援臺灣獲得觀察員身分，參與其他國際組織。同時強化對臺關係良好的其他國家在經濟、安全、外交等關係上的保障，也對企圖阻礙臺灣安全保障、繁榮的國家，改變過去以來的關係，這明顯是意圖牽制中國。事實上，在制定此法案之前，美國也曾把大使，從薩爾瓦多等與臺灣斷交的中美洲國家召回。

《臺北法》主要由科羅拉多州選出的共和黨參議員柯瑞・賈德納（Cory Gardner），以及德拉瓦州選出的民主黨參議員克里斯・康斯（Chris Coons）等人跨越黨派推動。值得注意的是，這個法案也獲得眾議院一致通過。在法案成立後，北京政府批評美國嚴重踐踏「一個中國」的原則，但遠不及以往的強勢作風，只是發出形式上的聲明。

美國早在二〇一八年三月，就簽署了促進臺美之間政府高層相互訪問的《臺灣旅行法》（*Taiwan Travel Act*），強化對臺的武器供應，也間接支援蔡英文政府。

在二〇二〇年二月，即將接任副總統的賴清德訪美時，獲得美方的高規格禮遇，先後與當時的副總統彭斯（Michael Pence）、國務卿蓬佩奧（Mike Pompeo）會面，美方也藉此向國內外展現擁護臺灣的強硬立場。與歐巴馬政府相比，美方的態度可說是有了一百八十度的轉變。之所以如此鮮明的表達政治立場，也是由於無法認同中國對臺灣的言詞恐嚇，和軍事上的威脅，以及臺灣全面遭受國際組織排擠的情況。

到了二〇二〇年四月，美國海軍陸戰隊以對中轉移軍事部署為目標，討論了未來十年的改組計畫。

為阻止中國在東海、南海的軍事威嚇行動，美國將過去「與恐怖分子作戰」為主軸的軍事部署，轉為與中國之間的對決。具體的編制內容目前雖然不明，但根據總司令伯格（David H. Berger）公布的《部隊設計二〇三〇》（*Force Design 2030*），即可了解大致的方向。主要內容就是為了強化從釣魚臺列嶼到臺灣的防衛部署，實施軍備調度，增強飛彈部屬等，未來十年將進行的新方針。

柯林頓政府時期含糊的主張「要在緊要關頭才決定是否幫助臺灣，對中國施加威脅」。當時的美國向國內外表示，將其稱為「曖昧戰略」，但全球的防衛專家莫不為此深感疑惑。

所謂的戰略，必須在排除各種模糊要素後，才表示最終的目標，因此曖昧戰略這個詞本身，根本稱不上是一種戰略。

新冠肺炎疫情爆發之前，習近平提倡並主導的帶路倡議（Belt and Road Initiative，簡稱ＢＲＩ），也就是「一帶一路」（Silk Road Project）的國際合作計畫，早已在全世界受挫，甚至是破產。接受中國資本的委內瑞拉、巴基斯坦、斯里蘭卡等國，都落入債務陷阱之中，世界也認識到國家主權被中國奪走的模樣。

在過去的日本，大家都體認到「鋼鐵就是國家」。明治維新的浪潮推動產業振興，鋼鐵就是國家建設的主軸，從建築所需的鋼筋到鐵路的鐵軌、橋梁以及汽車，全都是以鐵、鐵製品為基幹。日本的經濟就這樣隨著鋼鐵起飛，鼓舞了日本人的熱情，科技上也急速發展，拓展了產業的基礎。

日本的粗鋼產量雖然曾經是世界第一，但也不敵中國等新興國家的鋼鐵業興起，以及伴隨而來的削價競爭。市場被奪走之後，日本的鋼鐵業被迫面臨改組，從八幡製鐵與富士製鐵的合併，到集中於現在的日本製鐵（新日本製鐵與住友金屬工業合併）、ＪＦＥ鋼鐵（川崎製鐵與日本鋼管合併），以及神戶製鋼所等三大集團，原本遍布各地的高爐之火已熄滅。

當時，美國採取了四〇〇％的報復性關稅等緊急措施來對應，但日本卻沒有任何政策，顯示出政府不保護國內產業的不當政策。

汽車銷量不如預期、工廠停止運作，再加上新冠肺炎帶來的疫情，市場上對汽車鋼板的需求大幅銳減。

經濟不景氣，鋼筋的需求量也減少了，這為鋼鐵廠商帶來了相當大的不良影響。JFE控股估算數年內將暫時關閉京濱廠高爐，這個高爐占了日本生產量的一五%。日本製鐵也決定在二〇二〇年九月關閉北九州的高爐；不僅如此，還推展縮減計畫，將於二〇二二年關閉和歌山、二〇二三年關閉中國地方吳市的高爐。

JFE鋼鐵也將於二〇二二年關閉千葉工廠，並整合至廣島縣福山市的工廠。中國產鋼鐵的削價競爭，為全球鋼鐵業界帶來了負面影響，只要一座高爐停止運轉，就會有兩千名以上的員工閒置、成為裁員的目標。宣布不配息的JFE，如今只能向其他製鐵廠採購半成品來加工。事實上，高爐如果停止運作，人們就會質疑企業未來的存亡。

第四項在於，歐美先進國家和日本皆積極的灑錢救市。換句話說，無限制的貨幣寬鬆，將會為不久的未來帶來負債地獄。在新冠肺炎疫情爆發之前，中國的金融恐慌便越來越顯著，其後是否會引發國際間的恐慌？又會發展到什麼地步？

掛著「有識之士」之名的經濟學家，特別是全球主義者，他們一直以來反對的政府刺激經濟的措施，在疫情後突然就被視為理所當然。緊縮政策、基礎財政收支，這些財務省洋洋得意的雄辯藉口，也都消失得無影無蹤了。

疫情升溫後，日本政府推出總額一百零八兆日圓的支出作為緊急應變對策，提供六兆日圓支援貧困世代與中小企業。美國則同意支出相當於國內生產毛額（簡稱GDP）的一成，約兩兆美元（按：約新臺幣六十兆元），朝野雙方在一夜之間就獲得共識。

日本政府先前決議，針對家庭收入因新冠疫情減少者，每戶發放三十萬日圓（按：約新臺幣八萬一千元）的補助金。但這個計畫並未獲得輿論認同，於是最後改變方案，改為每位國民一律發放十萬日圓。美國則正研擬紓困方案，討論該定在一千兩百美元或兩千美元（按：後來美國發給每人一千兩百美元）。政治成了圍繞著天文數字的爭論，各國政局大幅動盪，但給付現金補助等措施，只能當作一時的救急，社會接下來將面臨什麼樣的考驗？龐大債務如雪球般越滾越大，又該如何處理？

另一方面，中美貿易戰可以看出已逐漸接近尾聲。

可以說，要見到「美國優先」的效果顯現，還需要一些時間，觀察高通（Qualcomm）、英特爾（Intel）、蘋果公司的動向就可以得知，許多企業已經開始將工廠移回美國本土或邦交國家。此外，就如同近期鴻海精密工業與台積電的決策，許多企業加速將據點自中國移往美國。高科技開發的全球結構也正不斷改變。

中美的對決雖還未看見結束的徵兆，但保衛智慧財產權、揭發間諜、禁止企業收購、華為禁令等政策，都指向下一個大方向。日、美、歐各國雖然多少還有一些親中派人士，但美國國會及歐美媒體的主流，都傾向反中的激進派。

中國還派遣了醫療團隊至義大利、西班牙、塞爾維亞等國家，並散播「病毒是由美國軍方帶來的」等假消息，但提供的救援物資，包括快篩試劑和口罩，卻都是劣質品。

中國竄改歷史真相的種種事蹟也同時暴露。例如偽造假直播、政治宣傳戰略，都是為了掩蓋新冠病毒來自中國的事實。接著還佯稱中國已經成功抑制疫情，大動作的加入世界各國的救援行動，藉此展現全球模範的形象。其後甚至大肆宣稱中國在開放外國人入境後，造成第二波感染擴散，因此中國才是受害者。諸如此類的行為，都是所有機關、單位，依照中國共產黨編寫的劇本行動的結果。

中國人的標準性格就是雙重人格，從大盜石川五右衛門搖身一變，成了名捕快長谷川平藏（按：五右衛門是日本著名大盜，平藏則是日本時代劇中擅長查案的武士），卻不感到任何遲疑或矛盾。中國的「口罩外交」，就像是由縱火犯變身成消防員一樣，提供各國口罩。在中國，小偷逃跑時，會裝作自己也在抓小偷。

問題在於，日本的經濟能否從這次的重大打擊中重新站起來。

經濟問題攸關國家存亡。雖說日本失去了每年九百萬人次的中國觀光客，但其實過去三年才是屬於「異常狀況」。目前服務訪日旅客的相關行業數減半，不僅各家航空公司被迫持續停飛，連帶相關產業如旅行社、住宿設施、餐廳、觀光巴士、導遊、特產品店等，也是哀鴻遍野。即便政府提供緊急紓困融資，倒閉的企業還是不斷增加。

「戰爭」會是推動景氣復甦的猛藥嗎？

那麼哪些產業，才能有效吸收這波失業浪潮閒置的人力？

國境封鎖代表一切必須自給自足，假如日本今後以糧食自產為目標，可預見政策的重點將會放在復興農業上。短期來看，雖然物流及超市的職缺會增加，但基本上醫療輔助、看護輔助產業的人力需求也會擴大。另一方面，次世代5G行動通訊雖然已經上路，卻遲遲不見對於新型態商業模式的展望。

美國採取的措施與日本截然不同。

美國歷史學家桃莉絲・基恩斯・古德溫（Doris Kearns Goodwin）以「在經濟大蕭條中開始的第二次世界大戰，曾是美國刺激景氣復甦的猛藥」之論點為題，提倡「在這次的新冠疫情中，我們應該活用歷史的教訓，以戰爭為契機來重建國家」（《時代》雜誌〔*TIME*〕二〇二〇年四月六日採訪報導）。

她曾為林肯（Abraham Lincoln）和富蘭克林・羅斯福（Franklin D. Roosevelt）撰寫評傳，也都曾出過日文譯本。從她將兩人視作英雄這一點看來，或許將她視為歷史作家會較為貼切一些。

桃莉絲曾在書中提及：「相較於羅斯福的領導能力，現在的政府（川普政府）在面對新冠肺炎的抗疫作戰上，展現出的領導能力相對不足。」以此批判川普。

社會上對羅斯福的普遍評價，大都著眼在羅斯福實施了「羅斯福新政」（The New Deal），透過政府投資，成功克服了經濟大蕭條。但事實上，這種做法只是把預算優先分配給左派人士，讓他們成立奇怪的財團，接著再把預算分配給莫名其妙的事業體。讓失業情況擴大的，其實是經濟大蕭條時期的羅斯福新政，只有左派賺飽荷包，平民百姓陷入水深火熱之中。為了讓經濟起死回生，他只有讓軍事產業更活躍。因此，對當時的美國來說，第二次世界大戰爆發，也成了絕佳的機會。雖然就結果來說，這個歷史觀點大致是正確的，但美國的左派為了捧高羅斯福的地位，肯定不會同意這樣的見解。

除此之外，桃莉絲．基恩斯．古德溫也在書中提到，雖然要求在短時間內造出五千架戰鬥機，確實是不太合理的要求，「讓鋼琴工廠生產飛機引擎、打字機工廠製造來福槍、紡織工廠生產降落傘。這種舉國投入生產戰鬥機的方式，也讓企業產生了各式各樣的變化」。

確實，從她的論述來看，就能理解為何川普會命令通用汽車（GM）趕製呼吸器了。

達美航空（Delta Air Lines）的子公司、埃克森美孚（Exxon Mobil），以及美國日產汽車也已遵從《國防生產法》，開始生產口罩。同時為了活用預備的生產線，福特汽車、奇異電氣（GE）、3M也決定開始生產醫療用防護面罩。

另外，以製作西服、領帶聞名的布克兄弟（Brooks Brothers），也將服飾、領帶的生產線轉而用來生產口罩。透過這類政府與企業的合作，國家才能維持大規模的持續作戰能力。依據這種論點，桃莉絲才會在《時代》雜誌的採訪專欄記事中寫道：「對現在的美國而言，確實應該這麼做吧（中略）。在經濟大蕭條下，國家可能崩壞的不安及恐慌，也會逐漸擴散，為了迴避這樣的恐懼心態，羅斯福透過樹立這種舉國一致、經濟重建的大目標，才能獲得民眾的託付及信賴，這才是真正的領導能力。」就某種意義來說，這個總結可謂一針見血。

依循這樣的歷史面向來看，桃莉絲的說法確實有其道理。但是羅斯福的歷史觀、世界觀也有令人質疑之處，且謀略布局太平洋戰爭的背後，潛藏著白宮內部遭共產國際（按：為共產黨和共產主義組織的國際聯合組織）間諜滲透的陰謀。關於這項事實，她和其他的美國歷史學家一樣隻字未提，然而本書將會排除這些討論，讀者如想了解更多，請參考我的拙作《戰後支配的真相：一九四五至二〇二〇》（暫譯，與渡邊惣樹合著，Business社）。

川普政府要面對的，就是該如何大膽的以抗疫作戰為契機，轉向經濟活絡之路。然而，政策若是走錯任何一步，就會對連任之路產生重大影響，想來那段日子他必定是如履薄冰。

二〇一九年環繞著中國的議題，不外乎香港反送中運動，以及習近平的獨裁。眾人討論中國供應鏈出現破綻的同時，香港的年輕族群勇敢挑戰極權主義。有些人認為中國共產黨的作為與納粹一樣，因而把中國稱作「Chinazi」（中共＝納粹）。二〇二〇年的武漢新冠肺炎疫情，就如同飛濺的星星之火，燎原至整個世界，正好成了「Chinan」（日文中的「難」讀音為NAN，因此源自中國的世界級恐慌災難＝「Chinan」）。

高盛集團公司於二〇二〇年四月一日，預測美國第二季（二〇二〇年四月至六月）的GDP為負三四％（先前的預測數字為負二四％）。並將第一季（二〇二〇年一月至三月）的預測從負六％，向下修正至負九％，但對秋天開始的第三季的預期，則為轉正成長至一九％。

同時，高盛也公布預測失業率將由九％上升至一五％，這訊息給各界帶來相當大的衝擊。失業人口自企業外溢至城市，將使得治安惡化，想必也對十一月舉行的總統大選造成嚴重影響。

看到美國二〇二〇年三月的新車銷售數字，更是令人震驚。

通用汽車與二〇一九年同期相比，減少了三七・三％，福特減少了二六・六％，飛雅特克萊斯勒汽車（FCA）減少了三六・三％。即便只看第一季的數字，通用汽車也減少了七・三％，福特減少一二・三％、而FCA則是減少了一〇・四％。

三月分日系車在美國的銷售數字也惡化了，豐田汽車（TOYOTA）減少了三八・〇％，本田汽車（HONDA）減少四八・〇％，日產汽車（NISSAN）減少四八・五％。若是看第一季數字，豐田減少了八・九%，本田減少一九・二%，日產減少二九・六%。順帶一提，同時期的韓國車在營收部分，現代汽車減少四二・四%（第一季減少一一・二%）、起亞汽車減少一八・六%。

在歐洲車部分，福斯汽車減少了四一・七%（第一季減少一二・八%）、奧迪汽車減少五二・四%（第一季減少一四・〇%）。豪華車種方面，梅賽德斯—賓士減少三六・九%（第一季減少一〇・一%）、BMW減少五〇・三%（第一季減少一九・五%）、凌志減少四六・七%（第一季減少一五・六%），由此可見汽車業界的慘況。

川普宣布會投入兩兆美金的財政刺激，並採取各種防疫及管制措施，以避免死亡病例大量增加。紐約中央公園也出現了類似野戰醫院的帳篷臨時醫院。此外，美國有線電視新聞網（CNN）的主播克里斯・古莫（Chris Cuomo）也已經確診（克里斯為紐約州州長安德魯・古莫的胞弟）。

在歐洲，西班牙公主瑪麗亞・特蕾莎（María Teresa de Borbón y Parma）因疫情亡故。英國王儲查爾斯王子（Prince Charles）、首相強森（Boris Johnson）相繼確診。德國總理梅克爾（Angela Merkel）也因疑似遭到感染而隔離（經過數次檢驗，結果為陰性）。此時，日本政府決定發給每戶兩個布製口罩，但媒體揶揄此為「安倍口罩」（Abenomask）。

美國參議院確診感染者則有肯塔基州參議員藍德・保羅（Rand Paul），與他有接觸的猶他州參議員米特．羅姆尼（Mitt Romney，前麻州州長）則自主隔離。眾議院的確診者有佛羅里達州眾議員迪馬里（Mario Diaz-Balart）、班．麥克亞當斯（Ben McAdams），事態可說是已發展到最嚴重的地步。

倫敦帝國學院則發表了模擬計算結果，表示：「保持社交距離，可有效防止新冠病毒擴散，進而拯救四千萬人性命。」在歐美各國，群眾去超市購物時，為了保持兩公尺的社交距離，也得大排長龍。香港則是房地產價格暴跌，同時零售業的銷售額也大跌四四％，這個數字比起二〇一九年秋季、香港反送中抗爭時期，還要惡化許多。

世界銀行估計，二〇二〇年中國的經濟成長率將落在負二．三％，但就如同世界衛生組織所提供的資料令人難以信服般，這個數字不免讓人懷疑：「會不會（衰退）太少了？」

四月十七日，中國國家統計局公布：「二〇二〇年第一季（一月至三月）的GDP成長率為負六．八％。」這也是首度出現的負成長。

確實，在汽車銷售額衰退超過七〇％，再加上許多城市都已封鎖、生產活動停止的狀態下，呈現負成長也是理所當然的。但衰退幅度僅有六．八％，這實在令人難以置信。很難不令人懷疑，搞不好甚至有負三〇％左右（日本二〇一九年第四季的GDP成長率為負七．一％，這還是新冠肺炎疫情爆發之前的數字）。

不管怎麼說，中國終於願意公開承認，經濟呈現大幅度的負成長了。

中國會走向戰爭嗎？

面對源自中國的新冠肺炎所帶來的災難，歐美各國的責難，也開始轉為要求中國承擔賠償責任的聲浪。

中國共產黨最害怕接下來會發生什麼事？我認為主要是以下三點：

①在美資產遭到凍結；

②共產黨的崩壞（資訊公開、政治改革）；

③暴動頻傳，導致民眾叛亂。

因此，**中國為了消除這些矛盾，很有可能主動發動戰爭**。

二〇一九年十一月二十七日，川普簽署了《香港人權與民主法》。沒過多久，北京飛往美國的頭等艙機票便一位難求，因為共產黨幹部的祕書和家人，全都在此時急著飛往美國，轉移銀行的祕密帳戶、出售不動產和債券等。

我們回頭看看《香港人權與民主法》的主要重點，就能得知其中的緣由。

(1)美國國務卿每年必須向國會提出有關香港自治的報告；

(2)鎖定將香港市民引渡到中國本土扣留、迫使認罪之人士，有可能凍結其在美資產並拒絕入境；

(3)將由美國商務部，審查香港特別行政區政府是否遵守美國的出口管制，並提出年度報告書；

(4)如基於《逃犯及刑事事宜相互法律協助法例（修訂）條例草案》，及《基本法》第二十三條的法律通過，則重新檢視美國與香港之間的罪犯引渡協議，並對香港提出旅遊警示；

(5)如有香港市民因為參加示威而被政府拘捕，美方不得以此為由拒絕批准簽證。

這其中尤以第二點最為重要。「鎖定將香港市民引渡到中國本土扣留、迫使認罪之人士，有可能凍結其在美資產並拒絕入境」，這項重點如果真的實施，符合的人數勢必不在少數。

這會對香港造成什麼樣的負面影響？

(1)持有香港特別行政區護照前往美國，也無法享有優惠待遇；

(2)失去獨立關稅區的地位；

(3)無法購買屬於美國出口管制項目的敏感性技術產品；

(4)美國不再承認香港的特殊金融地位；

(5)香港的國際信用評級一旦降低，企業的融資成本將會上升。

自二〇二〇年三月開始，美國正式透過法律途徑，對中國提出賠償請求。

首先是三月十二日，在佛羅里達州，出現個人與企業向中國政府提出集團訴訟，指控：「由於中國政府初期針對新型冠狀病毒採取錯誤的行動，使我們蒙受了重大的損害。」這立即點燃了全美的訴訟火苗。

到了三月二十三日也有內華達州的律師事務所表示，準備向中方提出控訴，表明：「全美有百萬家以上的企業由於疫情感染擴大，被迫縮減、甚至停止企業活動，受害程度已高達數千億美元。」

緊接著，德州也出現了受害團體。個人、企業集結成原告訴訟團，表示「因為學校被迫封鎖，造成莫大的損失」，要求中方至少要賠償二十兆美元（按：約新臺幣六百兆元）。

英國方面也有相關行動浮上檯面。在四月八日發行的《太陽報》（*The Sun*）就提到：「中方延誤向世界衛生組織報告的時機，違反了規章中的第七、第八條。」並且發表評論：「英國應要求三千五百一十億英鎊（按：約新臺幣十二兆九千八百七十億元）的賠償。」

美國除了《香港人權與民主法》，過去也曾訂立適用於俄羅斯、北韓、利比亞、伊朗的《國際緊急經濟權力法》（IEEPA）。該法的主旨為，「當發生對美國的國家安全保障和經濟有重大威脅的事件時，針對外國在美的資產，美國可以廢除其權力或使其無效」。

這類法案的存在，想必令中國共產黨的幹部們咬牙切齒、莫可奈何吧。

原本要十年才會改變的事物，如今在短短一年間就產生了驚人的變化。變化的速度之快，讓世界史的敘述得用速記的方式才來得及記錄。雖然與4G進化成5G這類技術上的演進同時進行，在過去，政治、經濟、文化的變遷得要耗費百年，但自二十世紀開始，就以十年為單位出現變革。

如此看來，新冠肺炎疫情後的世界，更會以超越想像的速度激烈變動。

第一章

如果不能全面去中國化，也該保持社交距離

時間是「十三號星期五」（日本時間）。

紐約華爾街證券交易所的股價持續下跌。美國時間二〇二〇年三月十二日，道瓊工業平均指數較前一日暴跌兩千三百五十二美元，這也立即反映在日本股市，日經平均指數跌破一萬七千日圓，創下自一九八七年以來的最大跌幅。

其後，華爾街維持了好一陣子的強勢行情，也因為「武漢新冠肺炎」而煙消雲散，行情轉趨悲觀。由於過去三年，股價都是維持上漲的勢態，因此川普政府見狀也慌了。美國聯邦準備理事會（FRB）立即提供了兩兆美元的資金，採取零利率的大膽措施。金融政策從A方向大幅轉至B方向，大量買入公債的美國聯邦準備理事會及日本銀行（按：日本的中央銀行），資產均大幅膨脹。

大選在即，股價大暴跌對連任的戰略相當不利，川普為此也接二連三的，迅速端出相關的積極政策。

做生意與股票買賣十分相似，重點在於如何掌握時機。要既得利益者放棄原有的權益，必然會招致強大的反彈聲浪。然而，堅持必須表達的主張也十分重要。日本也迎來了澈底改變對中政策的轉捩點。首要原因在於，日本如果繼續被中國影響，不僅在經濟面上，連國家存續本身都可能出現危機。

第二個原因，就是與美日同盟對立的「中日新時代」（二〇一九年十二月於中日首腦會談中，雙方元首同意推動兩國關係的方針），可能在美國國內爆發對日本的強烈反彈。目前已經開始聽到有部分人士，對（當時）安倍政權的對中政策不滿。

第三則是從歐美到許多亞洲國家，都期盼能再建構摒除中國的供應鏈模式，日本也被迫改變外交方針。

現在跑還來得及嗎？

日本前任首相石橋湛山的世界觀以及對歷史的看法，我著實無法認同，但他認為日本對於中國的執著，未來恐怕會讓國家的命運暴露在危險之中的分析，就脈絡上令我深表贊同。

過去石橋湛山提倡的「滿洲放棄論」，足以作為現代回頭省思的重要參考指標。

若是當時的決策者獨具慧眼，早早決定放棄、出售所有日本在中國的權益，就能避免在二次世界大戰太平洋戰爭末期，在滿洲高達數十萬人的犧牲，以及兩百萬名以上僑俘遣返的悲劇。但過度執著於既得利益的結果，就是沒有勇氣放棄。畢竟當時的日本，已在滿洲及朝鮮半島投入了四成的國家預算，用於建造基礎建設、發電廠、道路、學校，並投注許多人才，所以才會陷入偏執的念頭，企圖回到原本的榮景。

石橋湛山的「滿洲放棄論」，首度發表於大正十年（一九二一年）七月三日的《東洋經濟新報》。他主張要改變日本在甲午、日俄戰爭以來選擇的「奪取」態度，應反其道而行，轉變為「捨棄」，並提倡滿洲（現今的東北三省，也就是黑龍江省、吉林省、遼寧省，加上內蒙古自治區與河北省的部分範圍）不應由日本統治，而且應該讓朝鮮和臺灣獨立；日本因為在國力上屬於小國，因此應該放棄在中國大陸的利益及武裝。

石橋在歷史方面的認知，尤其是對於近代史的解釋，有相當多的錯誤。詳細的歷史解釋在此暫且不提，但基本上在他一直以來主張的「小日本主義」延伸上，論點都是一致的。

然而，當時日本將龐大的資金投資在中國、韓國、臺灣，在短期內集中建造基礎建設。雖然日本擁立皇帝溥儀，想要以「滿洲國」重現大清帝國，並且在新京（現在的長春）建造許多現代化的大樓，甚至是新故宮。這些雄偉的大樓，歷經八十餘年的歲月仍散發光彩，現今都已變成醫院、大學及中國共產黨地區委員會等單位。

當時，日本編列的預算以軍事發展為基本思維，更糟的是在辛亥革命之後，對中國的執著也越來越嚴重（所以我戲稱為「心外革命」〔按：作者在此開了一個諧音上的玩笑，日文中音同辛亥革命。「心外」意指意料之外、與預期相反〕），外交路線上晉身大國的意圖也十分強烈，因此日本的輿論根本沒有聽進石橋的主張。日本自此也越來越難脫離中國。

這樣的情景，是不是與日本現在的狀況相當類似？

受到新冠肺炎疫情的影響，中國的經濟幾乎呈現毀壞的狀態，但日本企業非但不撤資，還傾向維持，甚至擴大經營、繼續投入資金。這等於陷入與二次世界大戰前極雷同的狀況，想必接下來也將加速邁向悲慘結局。關東地區以豐田、日產為代表等企業，或許可說是親中派的日本企業群。

日產、本田、豐田、小松、大金等企業也都不顧風險，擴大投資。就連京瓷、村田製作所與日本精工，也選擇在中國設置工廠，將最尖端的設備帶往中國，主動加入建構其他國家的供應鏈。

即使中國的反日示威活動鬧得沸沸揚揚，親中派的政界人士們仍相繼前往北京、緊握獨裁者的雙手。霞關（按：日本許多中央行政機關座落於此）的高官們，竟甘願如此卑躬屈膝的當個「熊貓擁抱者」（按：Panda Hugger，暗喻親中派），外務省更是當中的帶頭者。更不用說部分財經界人士，甚至意圖傲慢的干預政治，主張：「別再去參拜靖國神社了，會妨礙我們做生意。」

我從三十幾年前，就認為日本企業前往中國發展是錯的，也警告此舉很可能「重蹈滿洲的覆轍」。想當然耳，我也被財政界與霞關裡的高官們投以冷笑，畢竟連我在企業研習等場合提到這些論點時，都被當場嘲笑了。十三年前，我曾出版一本名為《中國向各國潑灑劇毒，最終只能自生自滅》（暫譯，德間書店出版）的書。當時書中預測的情勢，現在都是進行式。

即便中國的經濟富裕，也不會像臺灣一樣導向民主化，而是將財富用來擴充軍備，鞏固其軍事大國的地位，但大多數領導者都未聽進這項警訊。許多財政界人士蜂擁前往北京，在進退兩難的情況下，選擇與中國一同敗亡之途（親中路線）。即便新冠疫情不斷擴散，部分日本企業仍舊選擇擴大在中國的投資。

福澤諭吉在《脫亞論》中，就曾以「不幸的鄰近國家」來比喻當時的中韓兩國，批判他們只會冥頑不靈的拒絕現代化、致力於維持舊體制的弊病，認為朝鮮王朝、清朝是「亞洲的惡友」，沒有必要與其來往，表示「吾乃于心底拒絕東方亞細亞之惡友者也」。

福澤諭吉並不是主張與中韓兩國全面斷交、斷絕商業上的往來與交易，而是應當與其保持適當的「社交距離」。

疫情蔓延，中國全力卸責、「甩鍋」

中國口出狂言、宣稱「新型冠狀病毒的發源地是日本」後，反而還開始祭出捐贈口罩的「政治性表演」。日本執政黨的祕書長竟還說出「想向中國道謝」這種令人難以置信的話來，這是對的嗎？

接著，中國甚至荒唐的抱怨「病毒也許是美軍帶進來的」，美國因此召來駐華盛頓特區的中國大使，表達嚴重關切，日本對此也只是聽聽就算了。美國前總統川普為此勃然大怒，從此便將「武漢新冠肺炎病毒」改稱為「中國病毒」（按：中國官媒之後又指義大利、澳洲等國是病毒發源地）。

川普與巴西總統在佛羅里達州的別墅會面時，正參加當地活動的邁阿密市長感染了新冠肺炎（巴西總統的檢查結果為陰性）。接著與川普的長女伊凡卡（Ivanka Trump）會面的澳洲內政部長，也傳出感染的消息。加拿大總理杜魯道（Justin Trudeau）的夫人受到感染，因此總理自己也採取自主隔離措施。德國總理梅克爾也自主居家隔離了兩週。英國首相強森在發現感染後，曾緊急送進加護病房接受治療。好萊塢影星湯姆·漢克斯（Tom Hanks）受感染（編按：已痊癒）。三月底，日本的喜劇泰斗志村健，因為感染新冠肺炎不幸病逝，消息震驚海內外。

全球的領導者們都因為可能遭受感染而惶惶不安。由於目前（二〇二〇年八月）還找不到解決辦法，「恐慌指數」也因此迅速飆升。這種恐懼的心理，是人們最大的敵人。

美國中止了總統初選的相關造勢集會，俄亥俄州也禁止舉辦百人以上的集會，民主黨的全國黨代表大會也被迫延期。加拿大則是因為禁止馬戲團的演出活動，使團員們陷入全面停工的狀態。各國的飯店及餐廳生意大受影響，日本的旅宿訂房數減少約九〇％，連穩居業界第二的近畿國際旅行社（Kinki Nippon Tourist），也面臨巨額的虧損。

華爾街股市重挫，直接波及到全球市場，總市值暴跌三〇％。相關人士因此愁眉不展，這也是繼一九八七年十月「黑色星期一」以來的最慘崩盤，電腦程式沒有預料到的狀況接連發生，為股市帶來恐慌。

讓我們看看二〇二〇年三月的「十三號星期五」（歐美是十二號）當天的股價跌幅。

義大利：一六．九二％。
德國：一二．二三％。
英國：一〇．八七％。
美國：九．九八％。
日本：六．〇八％。

相對的，中國股市的跌幅情況則是：

上海：一．二三％。
香港：一．一三％。

實在是千奇百怪、光怪陸離，疫情似乎沒有對中國股市造成什麼影響。

後面的章節中會提及，這正是獨裁國家做出的荒誕成果。這是因為當局「不准賣」的指令，令中國的投資者們抑制了交易。

二〇二〇年三月十三日，美國宣布全國進入緊急狀態。美國聯邦準備理事會提供市場兩兆美元的資金，使得華爾街的股價飆升近兩千美元。翌日，美國聯邦準備理事會決定降息一％。三月二十四日，民主黨呼籲「兩兆美元不夠，至少要動用兩兆五千億美元」。共和黨則是提出每人發放一千兩百美元的紓困計畫，民主黨再度加碼，桑德斯（Bernie Sanders）議員提案每人發放兩千美元。

這些都顯示出美國經濟惡化造成失業率大增。奇異電氣就裁撤了一〇％的職員，波音公司（Boeing）則是關閉了兩座工廠，對於失業的不安逐漸擴展。截至三月底，全美失業保險申請的人數達一千萬人以上。

中國金融當局自一月以來，也屢次調降銀行同業拆放利率，雖然大撒八兆日圓（按：約新臺幣兩兆一千六百億元），卻仍是杯水車薪。中國已經有民間企業減薪二〇％至三〇％，或是直接大量裁員，使得失業率大幅上升。這些動向都直接影響了亞洲股市，全球股價大跌，使人們對未來充滿憂慮及不安，掀起全球性的恐慌。「恐慌指數」（按：指ＶＩＸ指數，景氣越差，數值越高）甚至逼近雷曼風暴時的八十（根據三月十三日的數據，是落在七十五・五）。

希臘的聖火傳遞儀式被迫中止。國際奧林匹克委員會（ＩＯＣ）於三月中旬第一次公開表示，東京奧運可能延期舉辦。此話一出，預計即將舉辦奧運而活絡的日本首都圈不動產市場，就像突然蒙上了一層烏雲，三菱地所、三菱不動產、住友不動產的股價紛紛大跌。到了三月二十四日，IOC及日本政府終於正式決定，將奧運延期至二〇二一年夏季舉辦。

義大利、西班牙、德國等國家距中國千里之遙，原本以為武漢新冠肺炎事不關己，但感染人數也迅速激增。

特別是義大利，一個晚上的死亡病例就高達七百例以上。西班牙也緊接著宣布進入緊急狀態，法國和德國陸續封鎖邊境。歐洲全境的人口移動都受到限制，有些國家甚至禁止三人以上的集會。

德國總理梅克爾發表「六〇％至七〇％的國民恐將感染新冠肺炎」的可怕發言，並且延期舉行執政黨大會。英國也將地方選舉延至秋季，義大利則是延後了公民投票的時間。

面對如此慘況，世界衛生組織表示「歐洲已經成為疫情的流行中心」，彷彿是為了追隨中國「病毒是由美軍帶進來的」的反宣傳，掀起了不安的情緒。

巴黎羅浮宮、紐約大都會藝術博物館等世界知名的大型博物館，都因為疫情紛紛閉館。百老匯的音樂劇幾乎全部停演。紐約的學校全數停課，就連川普本身也接受了病毒篩檢，當時結果為陰性。（按：川普後來於二〇二〇年十月二日確診感染新冠肺炎。）

連喜馬拉雅山山麓的尼泊爾，都嚴禁登山客進入聖母峰。以色列由於感受到疫情威脅，意識到應該暫時停止內部鬥爭，於是成立了聯合政府優先抗疫。全球大幅變動，宛若一場襲捲而來的巨大海嘯。

美國也進一步強化了防疫對策。

川普決議，「三十天以內禁止旅客自歐洲入境」，許多人因此急於返回美國，機票價格也跟著水漲船高，使歐洲的機場陷入大混亂。三月二十日，當局呼籲所有旅居海外的美國人盡快歸國，將實施鎖國政策。

然而，美國在三月十三日宣布進入緊急狀態之後，就有約四十三萬人自國外返國，但還是約有四萬人前往海外。尤其全美有十七個都市，都有來自中國的直飛班機，總計約有一千三百個航班飛往美國各地。

川普在四月三日的記者會公開預測「犧牲者還會持續增加」，並且呼籲眾人戴上口罩，同時表示不會改變十一月三日總統大選的日程。

美國中央情報局（ＣＩＡ）在給總統的報告中提及：「中國目前仍有六千萬人處於被封鎖的地區，光是在武漢當地，死亡病例就高達五千例以上，事態應該比想像得還嚴重。」對於中國發表的數據資料，川普政府一直以來都抱持著「不信任」（當時的國務卿蓬佩奧的用詞）的態度。

當日，美國的感染者突破三十萬人大關，死亡病例超過八千例。其中紐約的感染人數高達十一萬三千七百八十四人，死亡人數為三千五百六十五人。截至四月十五日，美國的感染人數已經來到六十萬九千五百一十六人，死亡人數達兩萬六千零五十七人。（按：至十一月十八日為止，美國的確診病例數達到一千一百六十九萬，死亡人數達到二十五萬四千人。）

英國及以色列一開始被美國列在允許入境的安全名單當中，但其後英國、愛爾蘭、以色列也被列入禁止入境的國家，接著川普政府甚至還追加了前所未聞的政策方向，限制國民在美國境內的移動。繼美國之後，西班牙也宣布進入緊急狀態，就連波蘭、烏克蘭等疫情較不嚴重的北歐、東歐各國，也陸續封鎖了邊境。

一九二九年至一九三三年，是全球經濟大恐慌的年代，當時的失業率超過三〇%，其後的戰爭，讓經濟從大蕭條中復甦。我感受到這樣的時代似乎即將再現。

歐盟似乎已經遺忘了當初財政緊縮的口號，決定投入一千億歐元（按：約新臺幣三兆五千億元）的財政支援。

在愛爾蘭，感染人數暴增，光是單日就出現四百零二人感染（二〇二〇年四月二日），病例累計達三千八百四十九人，死亡人數合計九十八人。疫情也導致多達三十萬人失業，中小企業紛紛尋求政府的協助。愛爾蘭中央銀行發出沉痛警告：「失業率即將衝破二五%。」

愛爾蘭因為十九世紀初的馬鈴薯欠收導致飢荒，許多人因此移民到加拿大與美國，從事低所得、重勞動的工作。愛爾蘭移民的後裔，除了美國總統約翰·甘迺迪（John F.

Kennedy）、雷根（Ronald Wilson Reagan）、柯林頓（William Jefferson Clinton）、前副總統拜登（Joe Biden），現任（二〇二〇年）副總統麥克・彭斯（Mike Pence）的祖先，也都是來自愛爾蘭。

一八二〇年代開始出現的愛爾蘭移民，一直以來從事重度體力勞動的工作，由於被稱作「苦力」（Coolie）的中國勞工大批前往美國，在當地也引發了強烈的排華運動。現在的美國國民中，約有一二%的人有愛爾蘭血統。之後是否會再出現愛爾蘭移民至美國的風潮？無論如何，對愛爾蘭來說，現在可不是在脫歐（Brexit，英國脫離歐盟）議題上，與英國人相互爭論的時候了。

畢竟連日本的東京都知事小池百合子，都曾表示過「不排除封鎖東京的可能性」。

在各國當中，以色列的防疫措施，可說是與其他國家截然不同。

以色列境內的總感染人數，在二〇二〇年三月二十日來到三百三十七人，人數雖不算多，但由於與國際的接觸頻繁度高，以色列也於同日發布禁止外國人入境的政策（時至九月十日，總感染者人數超過十五萬七千例，死亡人數為一千一百一十九人）。以色列總理班傑明・納坦雅胡（Benjamin Netanyahu）使用「反恐系統」，鎖定感染者和與其接觸的人群並強制隔離，也召集了四千五百名後備軍事動員，依照反恐標準採取行動。

巴勒斯坦自三月二十三日開始，停止與以色列之間的往來。在以色列工作的巴勒斯坦人，只好透過雇主的協助尋找當地宿舍。這種做法也等於防止了潛在的恐攻和疫情。

南美洲的祕魯政府，禁止滯留在庫斯科的六百多名以色列旅客移動至首都利馬（其中也有日本觀光客約兩百六十人）。由於國境持續封鎖，以色列當局考慮是否該派遣專機救援。當日，以色列也宣布進入緊急狀態。

看來不僅日本，連歐洲各國在應對上也慢半拍，由於未及時掌握疫情資訊，義大利、西班牙、法國、德國等國的感染狀況持續擴大，死亡病例數也超乎想像。截至四月十一日，全球感染者數已經高達一百七十萬人，死亡病例超過十萬例（按：至二〇二〇年十一月十八日，新冠肺炎全球確診人數超過五千五百九十四萬，死亡人數超過一百三十四萬人）。

在本書出版時，數字應該又攀升得更驚人了吧。

《華爾街日報》（*The Wall Street Journal*，電子版，三月十四日刊）提到，遭受疫情重創的主要產業有「運動、零售、航空公司及汽車業」。但是，無法舉辦百人以上的集會，也就代表現場活動、音樂相關、電影院、旅館、觀光等相關產業會受到極大影響。此外，由於在家遠距辦公、放無薪假的時間變多了，DVD、CD、書籍、遊戲類的銷售額反倒逆勢成長。根據統計，光是白天時段，網路的使用率就提升了二〇％之多。

當人們被迫「宅在家」，餐飲外送服務便會增加，也會透過網路選購所需的商品，於是物流配送便會爆增，亞馬遜還因此緊急加聘約十萬名的快遞員。

三月初，日本航空（JAL）與全日空（ANA）的股價都暴跌約四〇％。歐美的美航（American Airlines）、聯航（United Airlines）、法航（Air France）等航空公司的股價，也同樣慘跌四〇％左右。最岌岌可危的航空公司則是國泰航空，因二〇一九年香港抗爭運動而大減過半航線。此外，過去中國的海南航空曾被視為頗具發展性，最後也不得不轉讓股權。新加坡航空則有九八％的國際航班已經完全停飛。

美國的航空公司也正面臨存亡危機，波音公司是否能免於破產的命運？

在日本，光是日本航空與全日空兩家公司，就有八五％的國際航線已經停飛。除了正職員工，連派遣、計時人員都瀕臨失業危機。由於國內線的旅客同時銳減，全日空緊急調度了三千億日圓的資金。日本都陷入如此境地了，可以想見美國航空業面臨的狀況有多悽慘。

全球的航空業約有多達三千零二十萬名員工，營業額高達六千八百四十億美元。但由於新冠病毒帶來的災難，前景可說是一片黯淡。根據國際航空運輸協會（IATA）的估計，二〇二〇年航空業總計將減少約八十八億人次的旅客，以及兩千五百二十億美元的營收。若單就亞太地區來估算，也將損失十五億人次的旅客，以及兩百三十九億美元的收入，光是計算到目前為止（二〇二〇年四月）的虧損，就高達兩千億美元。

受影響的員工不只有機師、空服員、維修技術員，也包括供應飛機餐的廠商、行李搬運人員、倉庫管理業、機場接駁巴士、機場維護人員、安檢人員、行李檢查人員、警衛等。航廈的工作則包括免稅店、特產品店、餐廳的店員、機場貴賓室的接待人員，牽涉的工作範圍非常廣。未來工作還不知將何去何從的他們，能夠向中國請求損害賠償嗎？

中國航空業界在二〇一九的年營收比前一年成長了一三％。但自二〇二〇年年初以來，從中國飛往海外或入境中國的班機，可說是近乎於零。即使在據傳感染例較少的北京，也很少看到人們搭地鐵、公車，路上的計程車更是稀稀落落。人們即使只是去附近的餐廳用餐，也要被盤問三次以上，幾乎已經成為極致的監控國家。

隸屬於新加坡政府的基金「淡馬錫控股」（TEMASEK），在武漢肺炎疫情爆發之後，持有股票的總市值跌幅換算成日圓的話，大約是兩兆六千億日圓（按：約新臺幣七千零二十億元）。

二〇二〇年一月二日，淡馬錫控股的債券市值大約是七百三十八億美元，到了三月二十日，下跌至五百零三億美元。雖是企業市值，而非實際的現金，但損失的額度可謂是天文數字。在持股中，包括阿里巴巴失勢及新加坡航空股價下跌，都是主要原因。只是後者並非受政府政策的影響，而是全球機場的定期航班都停飛導致。由於停飛率高達九八％，若是純粹的民間企業，早就因為資金周轉不靈而破產了。

回顧日本的慘況，旅遊巨頭三賢旅行社（HIS）的業績由盈轉虧。明明新學期已經開始，「青山洋服」的銷售額卻反倒下滑。由於畢業典禮、謝師宴的規模，都大幅縮減、甚至停辦，飯店、會場、服裝出租業、美髮沙龍的生意也都受到相當大的影響，更不知這種狀況何時才會結束。

椿山莊酒店在我的住處附近。到了每年三月、舉辦畢業典禮和謝師宴的季節，常見到女學生們身著羽織袴（按：羽織為穿在和服外的外套，袴則類似裙子）搭配靴子，但在二〇二〇年，這樣的平和景致完全消失無蹤。不僅很少人外出賞花，更沒有人舉辦宴會，熱鬧的攤販也跟著消失了。到了四月，學校、企業或團體，也都紛紛取消了開學和入社典禮。

誰在反日？是民眾？還是……

即便如此，前首相安倍仍以「日中新時代」為題，希望以國賓身分邀請「獨裁皇帝」習近平訪日。這樣的愚行，引起日本國民相當大的反彈。

二〇二〇年三月五日，日本政府終於發表消息，表示習近平原本預計四月來訪的行程正式延期，但不變的是，仍未取消未來以國賓的身分訪日。

中國諂媚的聲稱與日本關係友好，實則意圖奪取釣魚臺列嶼，甚至大手筆收購北海道約五分之一的土地。來到日本生活的中國人，實際上已經達到一百萬人。

三月二十三日，一家位於遼寧省瀋陽（昔日的奉天）的餐廳（楊媽媽粥品專家），在門口豎立起「熱烈祝賀美國疫情，祝小日本疫帆風順長長久久」字樣的充氣拱門，迅速引發討論。雖然下午就被執法部門責令撤除，不過日本的共同通訊社已經將消息附上照片報導出來。大紅底色加上亮黃色字體，比起對美國的敵意，出現「小日本」這種中國慣用的咒罵詞語，一看就知道是極端反日分子的傑作。

從哈爾濱往東坐三小時的公車，就會抵達日本遺孤的代表地——方正縣。這裡立有紀念碑，是為了悼念自滿洲遣返時期慘遭虐殺的日本人，並有多達五千位日本犧牲者的墓。二〇一一年，還有反日團體特意來此潑灑紅油漆、損毀墓碑。不少讀者應該也曾接觸過相關「解說」，認為東北三省的人民至今仍懷有反日情緒。但根據我自己前往黑龍江省旅行、四處走透透的經歷來看，其實未曾在當地遇過帶有強烈反日傾向的中國人。哈爾濱現今雖已躍升為國際都市，各處仍留存許多日治時期的建築物。

二〇一一年前往汙損墓碑的，是一個有特定政治意圖的團體，他們特地從北京搭飛機到方正縣，從這一點就能大致推測，這只是公安機關自導自演的橋段。當時，反日運動依循中國政府的意圖，前往日本大使館、領事館示威的遊行已組織化，他們集體破壞了日本餐廳及日本的汽車經銷商，現場每個男子都身著黑色衣服、戴著墨鏡，看起來身強力壯。其後，位於西安的阿倍仲麻呂紀念碑也被潑上紅油漆（按：阿倍仲麻呂是唐朝時的遣唐留學生，漢名晁衡，曾在唐朝時高中進士，並擔任要職，最後在長安終老）。

瀋陽當地與日本有較深的淵源，甚至可說是比較親日的城市。例如大和旅館這類古典又氣派的建築物，就常當作電影的拍攝場景。瀋陽車站建造得與東京車站如出一轍，周邊還有幾十間學校供日本學生就讀，連浪花町也是源自日本的地名。但在中國高鐵開通之後，這些景致便不復存在。

前面提到餐廳掛出的字樣，很難讓人覺得單純只是民眾的反日情緒爆發。仔細觀察充氣拱門就會發現，那只是把新印的橫幅布條貼在上面而已，只要拿掉後，就是一道平常能使用的普通迎賓門。

如前所述，習近平以國賓身分訪日的計畫延期，雖錯失在外交上親近日本的機會，但中國仍持續侵犯日本的領空、領海。日本在疫情期間，雖不開放來自海外的團體觀光客，但光是二〇二〇年二月，就有多達八萬名以上的中國人，以個人簽證入境日本。據三月底統計的結果，新冠肺炎的日本確診者，約有四成都是外國人。

現實相互矛盾，瀋陽是個親日的城市，也有許多日本企業選擇在此投資設點，很難想像當局在這個時期，會默許這樣的反日行為，怎麼看都像是反習近平勢力的反向操作，就像為了與習政權唱反調，以政治性目的來挑撥中日關係。

中國經濟急速空洞化

儘管如此，在中國狡猾的詭計下，有些日本企業意圖死守供應鏈，似乎完全沒有撤資的打算，結果就這樣被捲入混沌之中。這些日本企業無視美國的高度警戒狀態，想必也不太可能選擇撤資這條路。未來情況如果更悽慘，日本一手打造的基礎建設與工廠，很可能會被中國接收，或被強行奪取，甚至必須放棄所有權利，從中國撤離。

數年前，部分保守派評論家也曾引用福澤諭吉《脫亞論》的內容示警：「謝絕與惡友的往來。」

二〇二〇年年初至今，中國由於股價下跌、貨幣貶值的影響，經濟明顯呈現衰退局勢。中國過去被喻為「世界工廠」，但近期製造業的空洞化，比原本預測的還要迅速，幾乎呈現「L」字型的突然墜落，就這樣呈現低迷狀態。或是像掉進深不見底的沼澤的「I」字型。中國的經濟前景一片昏暗，不太可能出現如習近平期望的「V」字型復甦。

在二〇〇八年發生雷曼風暴之後，中國不計後果的投入四兆元人民幣以擴大內需，並引發房市泡沫化。雖然市場上的住宅數量多達人口的三倍，但房價因此開始產生相當大的波動，預計未來可能出現大暴跌的風險，加上出口低迷、引發嚴重的美元短缺，都會拖垮景氣復甦的腳步。

智慧型手機市場與中國的貿易輸出息息相關，也呈現持續低迷的情況，工廠受到疫情影響，遲遲無法復工。部分離鄉背井、在外地工作的勞工，也回不了故鄉，或是回去之後因為怕遭到感染，還是不敢出門上班。

令全球投資客最為心驚膽戰的，還是華爾街股市暴跌。從二〇二〇年三月開始，紐約的股價便不斷大幅波動。但也有分析指出，這是華爾街股市正進入「大調整期」的象徵，因為原本的股價過度超漲。理由在於企業回購股票以及過高的股利，導致企業陷入債務危機。

但是，主導華爾街股市走勢的四巨頭GAFA（指谷歌〔Google〕、亞馬遜〔Amazon〕、臉書〔Facebook〕、蘋果〔Apple〕），在疫情下也自身難保。例如蘋果公司，就要求一萬兩千名員工在家遠距辦公。在中國經濟向下沉淪的同時，GAFA也無法發揮主導股價的火車頭角色。

二〇二〇年三月九日，日本將二〇一九年十月至十二月的GDP成長率，從第一時間報導的負六．三％，下修至負七．一％。雖然這是呈現武漢肺炎爆發前的經濟狀況，但這樣的數字仍令人十分震撼。

主因是日本政府強推的一〇％消費稅，而不是政府及財務省強調的颱風災害。再加上二〇二〇年從年初開始，就接連遇到疫情和奧運延期等慘況，估計GDP可能再持續下修。

到底有沒有什麼仙丹妙藥，能夠讓經濟起死回生？

第二章

這波瘟疫，會摧殘世界到什麼地步？

「美國總統國家安全事務助理（國家安全顧問）奧布萊恩（Robert Charles O'Brien）於二〇二〇年三月十一日，在華盛頓的政策研究機構「傳統基金會」發表演說，斷言中國政府對於新型冠狀病毒的初期對應是『意圖隱蔽』，『世界各國因此晚了兩個月採取應變措施，中國的行動從一開始就完全錯了』，表明疫情會擴展至全球，是中國的責任。」（《產經新聞》電子版，二〇二〇年三月十二日。）

早在新冠爆發前，世界工廠就已開始瓦解

在武漢肺炎於全球大流行之前，中國對美國的輸出力道就已經大幅衰退，許多製造業也紛紛逃出中國。不，或許應該說，打頭陣逃出中國的，反而是中國企業。「世界工廠」已經轉變成一片荒涼的曠野。

二〇一八年，中國對美國的貿易順差是三千七百五十億美元，但從二〇一九年開始，對美貿易出口已經大幅下降兩成。不用說，這主要也是中美貿易戰爆發所造成的，除了受到高關稅的影響，中國在過去三十年間，勞工薪資上揚也是一大主因。在薪資方面，中國能與日本並駕齊驅的產業，主要是資訊科技（ＩＴ）、通訊相關行業。如此一來，自然會失去出口競爭力。

在高關稅的影響下，在中國的許多製造業，營業額由盈轉虧，特別是紡織業、雜貨、運動鞋、玩具等相關產業，更是早早就逃離中國，在亞洲其他國家建設工廠。像越南、馬來西亞、菲律賓、印尼、柬埔寨等國，都承包了中國企業的產品生產，大大融入整個供應鏈中，主要核心為華僑的網絡。

在過去，無論製造主要零件的日本、臺灣、韓國等是否樂意，仍和以中國為主軸的供應鏈緊緊相繫。

終於前進中國的歐美企業，簡直就像椅子還沒坐熱就連忙往外衝。包括歐美在內的西方企業，之所以晚一步撤出中國，是因為撤退條件嚴格，手續上又必須耗費不少時間。由於轉移工廠設備的手續實在繁瑣，再加上缺乏交涉能力、也未獲得日本政府的援助，因此日本中小企業在撤離中國時，至少必須負擔一千萬日圓的支出。

首先，即使中美貿易戰結束，美國調降了關稅，已經離開的企業也不可能再回到中國。目前三星（SAMSUNG）、亞馬遜與谷歌都已經決定撤離，業界也在傳聞通用汽車已準備撤資（順帶一提，二〇二〇年二月，通用汽車在中國的新車銷售量減少了九二％）。也只有電動車（EV）大廠特斯拉（TESLA），仍被中國「未來的可能性」假象所迷惑，選擇繼續增資。特斯拉在中國原本就備受禮遇，在當地也經常能看見產品宣傳。至於原本十分「親中」的德國，也呈現撤離的態勢。

第二項原因是，對製造業來說，許多提供零件及相關材料的企業皆紛紛撤出，造成中國國內的供應鏈逐步崩解，其他企業由於物資上的短缺，也不得不選擇撤退這條路。

第三個原因在於，即使壓低薪資水準，現在的中國人也已經體會過「奢侈」的滋味。例如能在閒暇之餘去日本觀光，除了泡泡溫泉，還能買大批伴手禮回國。在中國，這樣的中產階級約有一億人左右，低廉的工廠勞動力已經不復存在。更何況，二〇二〇年由於受到武漢肺炎疫情影響，在農曆年過後，仍有約三億名勞工無法回到職場；到了三月，還有一億數千萬人還無法回到生產線。

在武漢肺炎疫情爆發之前，親中派日本經濟學家還嚴厲批判如同我一樣、悲觀看待中國經濟的言論，原本他們高唱「中國今後仍會維持繁榮景象，經濟將持續穩定成長」，現在竟也突然安靜了下來。

在中國，小偷在逃跑時，會大叫：「有小偷！」然後自己也裝作在幫忙追小偷。這就是所謂的「做賊的喊捉賊」，藉此將犯行轉嫁到他人身上，自己則伺機逃跑。

日本街頭曾經出現一些中國人，免費贈送路人口罩，並宣稱：「日本是新型冠狀病毒的發源地，我們同情日本，免費發送口罩。」這情景就跟在神奈川縣武藏小杉車站，和東京澀谷車站的街頭，打著「來自武漢的報恩」名號，表演充滿人情義理的故事一樣，簡直就像共產黨員私自胡亂定罪、演出的蹩腳戲。不過，大多數日本人可沒被這種裝模作樣的人道主義給矇騙，馬上就看穿了這些人的偽善嘴臉，路過的民眾紛紛質疑：「為什麼你們會有這麼多口罩？」、「你們是怎麼買到的？」

走在日本街上不難發現，松本清、PAPASU 等藥妝店還沒開門營業之前，店門口就排了一道長長的人龍（四月上旬時）。店頭明明都已經貼上「口罩售完」、「今天不會進貨」的字條了，卻還是依舊有人排隊，或許是想賭一賭運氣吧。

中國「大本營」發表的「死亡人數」及「感染人數」，從三月開始突然出現減少的趨勢。「咦？全世界的確診病例都在持續增加，伊朗和義大利都出現那麼多死亡病例了，美國的疫情也持續擴散，幾乎全世界所有學校都陸續停課。當世界主要國家都不再讓中國的旅客入境時，在病毒發源地的中國，患者人數卻正在減少？」

這當然會令人心生疑問。

病毒的源頭——中國武漢的人口約有一千一百萬人。當地的疫情犧牲者估計達到了數萬人，但政府當局卻宣稱：「到六月第二週為止，我們不會再公布相關數據。」

對習近平行政團隊採取批判態度的媒體《財新》，特別派出記者飛往武漢，持續在當地挖掘真相。他們得到武漢當地司機的證詞，在獨家報導當中，指稱「單單週二和週五，就運送了數千具遺體至火葬場。光是在漢江地區共有八座火葬場，但這數千具遺體卻都集中運送到其中的一座。」

在我認識的人當中，也收到中國朋友的消息，形容：「小巷裡到處可以看到屍體橫躺在地上。」還有網路消息指出，中國向臺灣訂購了二十萬個屍袋（按：臺灣殯葬業知名人士郭東修之子郭憲鴻上節目爆料，曾接到臺商打來陸續訂購許多屍袋，數量最多到二十萬個）。

開放家屬至火葬場領取遺骨之後，現場馬上出現了六百多人的排隊隊伍，而領回的還不是遺骸，只是骨灰而已。

「這樣怎麼分辨得出來誰是誰啊？」即使家屬想抗議，也萬分無奈。任誰都懷疑中國政府當局發表的感染、死亡人數，而且這項統計還不包括，開放新冠病毒快篩檢測之前的死亡人數。

之後，《南華早報》（二〇二〇年三月二十二日刊）報導，其實統計數據裡，並未包含確診者，以及雖然檢測結果出現陽性、但仍被列為無症狀患者的病例，總數量高達約四萬三千人。即便如此，習近平仍大肆向川普吹噓：「中國成功克服了新冠疫情，要不要我們派醫療救援團隊去美國幫忙啊？」

川普聽聞此消息，巧妙回應：「我也希望他說的是真的。」

在中國，醫生被交代「死亡診斷書的死因，絕對不能寫新冠肺炎病毒」，因此會在死因一欄寫上其他的病名。這麼一來，死亡病例數確實會減少。不僅如此，政府還宣稱「武漢已經擊退了病毒感染，成功戰勝疫情」，因而關閉了先前只花十天建造起來的火神山醫院。湖北省的零感染紀錄在持續五天之後，竟開始宣揚：「戰勝疫情的習近平是英雄！」這種是非顛倒的話，連馬屁精聽了都會大吃一驚。

在社群網路上，隨處都能看到資訊顯示，火葬場連日冒著黑煙，感染者被送到其他隔離所。但日本的媒體不知道是蠢還是如何，竟然直接相信中國官方的統計數據，並且直接報導出來。

果真是世界第一擅長造假的國家，中國在這方面的工夫做得特別細緻。

聯合國體系中的世界衛生組織（ＷＨＯ），在三月十一日終於承認，新冠肺炎疫情已進入全球大流行階段。然而自疫情爆發以來，已經過了四個月了。

疫情的發源地就是中國湖北省的武漢，這是明明白白的事實。在武漢海鮮市場附近，就有兩、三座研究生化武器和疫情應變的實驗室，很有可能是有人造病毒從這些設施洩漏。

有越來越多證據表明，武漢肺炎是源自「馬鐵菊頭蝠」身上所帶的冠狀病毒。等一下，但湖北省並不是菊頭蝠的棲息地啊？而且武漢海鮮市場也沒有販賣蝙蝠。這種武漢病毒的基因序列與ＳＡＲＳ病毒的相似程度高達八成。位於武漢的中國科學院武漢病毒研究所之下的國家生物安全實驗室，以及隸屬於中央疾病預防控制中心的武漢疾病預防控制中心實驗室，都曾針對從菊頭蝠和其他蝙蝠身上分離出的冠狀病毒，進行相關實驗。

病毒想必就是從這些實驗室洩漏的，海鮮市場因此成了代罪羔羊。後續傳出群聚感染的地點，就在武漢的正中央；位於漢江地區的湖北航天醫院與協和醫院中，醫生接連遭到感染，數人死亡。這樣的發展，顯示出病毒確實是來自於人工製造，是出了什麼紕漏才外洩出來，這樣的分析已經是現階段的最大公約數了。

但是，中國不願意承認自身就是發源地，立刻將責任轉嫁到其他國家。

中國的態度出現相當大的轉變，甚至祭出「中國已戰勝新冠病毒」，這種誰也不會相信的宣傳口號。這是習近平在三月十日前往武漢視察時，發表的「勝利宣言」。

同時，還命令中國的中央銀行（人民銀行）維持股價，並以不實的數據粉飾死亡、感染者人數，不顧後果的宣稱「已經恢復生產第一線」，強制讓回到故鄉的勞工返回職場；重啟工廠，讓員工回歸工作崗位，演出復工的戲碼。但因為缺乏相關零件，其實生產線上只有輸送帶在空轉。

當時的美國國務卿蓬佩奧就曾表示，「中國發表的數據不值得信賴」，拒絕以世界衛生組織似乎為轉移焦點而命名的「COVID－19」等來稱呼，而是明白的將病毒稱作「武漢病毒」，意圖讓世人永遠記得「病毒的發源地是中國」。中國方面則指責蓬佩奧的發言是「卑鄙低劣的詆毀」，雙方展開脣槍舌戰。

但實際的狀況又是如何？

中國開始展開奇妙的宣傳：「疫情已漸趨穩定，感染病例減少，死亡人數也大幅降低。」

緊接著重啟工廠，恢復供應鏈，勞工也回到工作崗位上。中國政府主張，用電量上升就是最好的證據。

過去，歐洲觀測衛星曾發表在中國上空觀測到的資料，公開了一片黑漆漆、沒有半點燈火的地圖。中國政府的宣傳，看起來就好像是在回應這件事。

中國共產黨大肆宣揚假消息，聲稱中國已經成功抑制傳染病，並在新聞節目上播放員工從各地搭公車返回城鎮，以及工廠重啟現場的影片，試圖安撫民眾，並且努力向全世界傳達中國成功抵禦疫情感染的假象。

實際上，他們只是點亮辦公大樓的燈光，即使沒有任何人在，也照樣把電腦開著。工廠則集合員工、拍攝完復工的影片後就原地解散，只不過離開前沒把燈關上而已。

竄改、偽造、媒體操縱，對中國來說易如反掌

有史以來，中國就會造假及捏造「事實」，歷代王朝的「正史」就是最好的示範。所以他們才憑空杜撰南京大屠殺這個虛構的事件，並將戰爭的責任轉嫁給日本。在虛構的事實中，跟日軍交戰的國民黨因此變成了「偽軍」，由當時一直躲在洞窟裡、埋頭不出的共產黨贏得抗日戰爭勝利。（按：此為作者個人觀點。）

武漢火神山醫院，是在短期內趕著搭建出來的臨時醫院，習近平也曾前往視察。強制收容在此的感染者們，內心都充滿恐懼，因為住進這裡就像是赴死一樣。據中國反政府的中文報章雜誌透漏，有內部消息指出：「在火神山醫院，每天都有數百名患者邁向死亡。」

這就是中國共產黨，一個能「澈底抹滅」一九八九年六月四日「天安門事件」中，虐殺數千人事實的政黨。

一九九〇年代，河南省由於政府鼓勵賣血，使得愛滋病感染人口激增。根據聯合國的統計，總患者數應該多達一百萬人以上，但中國發表的數據卻是「兩萬兩千五百一十七人」。從上述「縮小宣傳」的原理來說，推估實際感染者應該高達一百萬人，死亡人數至少超過一萬人。

臺灣動用軍方的化學醫療團隊，並展開全面的境外隔離作戰。日本在緊急對策會議上，卻連最重要的自衛隊幹部都沒有受邀。在這種連歐美都動員軍隊，甚至下達戒嚴令的緊要關頭，彼此的差別有多麼大。

不知是否是覺得，這樣下去不太妙，中國派出了特殊醫療團隊前往義大利，拚命塑造援助國際的形象，之後也陸續派往西班牙和塞爾維亞。

接下來進行的是，安撫武漢市民的計畫。擔綱重責大任的，是中國現代政治中的頂尖女性孫春蘭，她是現任中共中央政治局委員，同時也是中國國務院副總理。

孫春蘭過去是共產主義青年團的成員，被視為改革派，其後在二〇一二年被選為中央政治局委員，受到廣大矚目，同年接替張高麗，兼任中共天津市委書記。在令計劃涉嫌違紀之後，孫被提拔為中央統戰部部長（中央統戰部是在全球策劃、推行國際謀略的司令部）。

孫春蘭被視為「職場女性」的象徵，相當受民眾歡迎，也因此被派遣至武漢。三月五日，當孫春蘭開始在武漢的住宅區視察時，附近的居民大聲吆喝著集合起來，原本以為他們要鼓掌叫好，卻反而傳出陣陣叫罵：「妳現在來做什麼！」、「都是因為你們無能，災害才會演變成這樣！」

二〇二〇年一月二十三日，在封鎖武漢的八個小時前，共產黨的幹部由於已經收到風聲，約有五十萬名武漢市民已經緊急逃離。但其他市民早上才聽到消息，卻已經被封鎖在城市內，完全無路可退。

一月二十六日，中國國務院總理李克強戴著口罩、前往武漢視察，並慰問當地的醫護人員。到了二月，習近平探訪的卻不是武漢，而是相對安全的北京住宅區，此舉或許是想強調自己一直親自在前線指揮，但網路上已經充斥著「習近平，快去武漢！」的留言了。

不知道是不是還驚魂未定，習近平就此躲在北京內部。原本預計在三月舉辦的全國人民代表大會（全國人大）無限延期，中國共產黨第十九屆中央委員會第五次全體會議（中共十九屆五中全會）也無法如期舉行，批判習近平的言論開始在網路上持續延燒（雖然也很快就熄滅了）。原定作為國賓訪日的計畫延期之後，日本民眾才終於鬆了口氣，因為此行如果真的實現，日本很可能會遭到全世界批評，在謁見的過程中，想必天皇陛下也得要戴上口罩了吧。

採極權主義的中國共產黨，曾向相關人士抗議日本各地連日舉辦集會、示威，反對習近平國賓訪日，以及民眾投放宣導廣告等做法，並表示這些行為「難以理解、應當受到輿論抨擊」。畢竟中國是個缺乏表達自由的國家，自然很難想像日本發生的情況。

到了三月十日，習近平突然在湖北省武漢市出現。他到當地視察迅速搭建的醫療中心（火神山醫院），並慰問相關人員。他在視訊會議中即時連接醫療現場，與醫生們談話，並步行拜訪當地的商業設施，硬是要營造「與市民對話」的情境，任誰都能夠看穿這樣的政治戲碼。但是，只見當地居民臉上掛滿笑容，上演揮手歡迎習近平到訪的戲碼，並且在公寓各處安排相關警力。然而，此事之後才被踢爆，這些所謂的「居民」，全是從北京派來的劇團演員。

在中國的網路上，掀起一波批判聲浪，指責：「到底現在還來做什麼？」但想當然耳，這些言論沒過多久就立刻被刪除，輿論已完全受到政府操控。

中國企圖消滅「新冠病毒源自中國」的印象，因此誇大渲染義大利、伊朗、德、法及美國的疫情。不過，後來可能是體認到自己的國家有多麼不受歡迎，中國共產黨開始試圖轉移遭到批評的焦點。

據中方媒體報導，有四分之三的勞工已經復工，返回能讓中國經濟再次復甦的據點——也就是各企業的生產線上。二〇二〇年四月八日，在武漢的封鎖解除之後，地鐵開始恢復運行，光是第一天，就有六萬六千人乘坐高鐵等交通工具逃離武漢。

回想中國人的特性，反向操作是他們慣用的手法。

一九三八年六月，被日軍緊追的蔣介石軍隊，在河南省開封與鄭州之間的花園口鎮，爆破黃河堤防、逃往內陸西安，造成堤防下流區域被大洪水淹沒，受害的省分甚至擴及安徽省及江蘇省，農作物毀壞，至少有六十萬人、至多有上百萬人慘遭溺斃。此時，日軍也曾協助居民進行災害救援工作。

何應欽將軍身為蔣介石的左右手，卻在回憶錄中寫到「花園口決堤事件是日軍做的」。在一九三七年日軍進入南京時，中國也捏造出南京大屠殺的事實，而且還為此建造了「紀念館」。在南京，唯有日軍入城的地方才是安全的，中國人也大量湧向日軍所在之處，根本不可能發生屠殺事件，這簡直跟「抹滅」一九八九年天安門事件的手法如出一轍。（按：此為作者個人觀點。）

但中國共產黨惡質的宣傳手法，中國人其實也都心知肚明。於是政府選擇監視外國特派記者的一舉一動，例如監聽通訊，並全面掌握、控制報導內容，除了提出指正，也會使出威脅手段，如果還是不依照中國的要求撰寫新聞稿，就將記者驅逐出境。這就是「欠缺言論自由」的中國的做法。

二〇二〇年三月十七日，中國外交部對《紐約時報》（*The New York Times*）、《華爾街日報》、《華盛頓郵報》（*The Washington Post*）等三家知名報刊的美國記者提出抗議，不僅否定有關中國本土及澳門、香港等地區的報導內容，也不願提供記者二〇二〇年度的新簽證，全面展現的態度就是「趕快滾出中國」。

畢竟，中國根本不需要「報導真相」的媒體。

川普政府為了與其抗衡，開始要求《人民日報》、《新華社》等駐美記者的人數，從一百六十名減少至一百名。

既然有這樣的前例，中國自然也可以輕易控制，關於疫情的確診及死亡病例消息。生產線復工的消息並非事實，再說連歐洲的雷諾汽車都停止生產，企業讓一萬八千名員工在家待命；豐田除了歐洲的主要工廠之外，連在美國的七座工廠也陸續停工。在全球製造業休止、需求大幅減少之際，不可能只有中國的工廠，還如往常一般運作。

三月十六日夜晚，中國的新型人造衛星（長征七號），在海南島的文昌衛星發射場發射失敗。在二〇一七年，長征五號的發射也曾失敗過一次。或許中國原本打算成功發射火箭，能帶給因新冠肺炎而意志消沉的人民振奮的消息，同時宣揚國威，沒想到最後以失敗告終。

文昌基地是繼酒泉、西昌、太原衛星發射中心之後的第四座基地，前述三座皆位於內陸地區，周圍都是山岳地帶，雖然能夠保障軍事機密，卻難以讓大型火箭順利升空。會選在這裡的原因，在於火箭的製造地是天津，如果要以遠距離鐵路運送，尺寸有所限制。因此是直接由天津港直接運抵海南島的港口，才能順利進行大型火箭的實驗。此基地自二〇〇七年開始建設，過去日軍的雷達基地，就位在海南島的山岳地區。

在這個時間點上，大型火箭發射失敗，是否也象徵了些什麼？

全球經濟損失，至少達到新臺幣二十九兆元

中國的「頌歌」，現在卻成了「慘禍」。

聯合國貿易和發展會議（UNCTAD）於二〇二〇年三月九日，發表武漢肺炎疫情造成的全球經濟損失，估計可能達到一百一十兆日圓（按：約新臺幣二十九兆七千億元）。

在武漢肺炎疫情引起軒然大波之前，中國訪日觀光客的購買力已經不容小覷。他們穿著全球時尚的流行服飾，幾乎人手一臺日本製的單眼相機。光是二〇一九年，就有約九百萬名中國人曾前往日本觀光。

但他們在日本各地溫泉的無禮行為層出不窮，像是在池子裡洗毛巾、在大浴場奔跑、跳

進浴池、擅自拿走和式浴袍或熱水壺等。但原先日本各地的觀光景點、溫泉旅館賴以為生的中國觀光客，因為新冠肺炎疫情爆發，自二〇二〇年二月起幾乎消失，使得店家必須大量傾銷商品，或是被迫休息、停業。從這裡可以看出，商務如果過度仰賴中國，便潛藏著龐大的風險。除了日本以外，義大利和法國也有店家宣布停業。美國沃爾瑪宣布每一千平方英尺，同時只能有五位客人購物，餐廳內與鄰桌之間必須保持一公尺以上的距離。

西方各國重新了解到，中國共產黨的獨裁統治會操弄資訊，一律隱匿不利於自己的情報。早在二〇一九年十月左右，中國就已經有人彙報異常的狀況，但當局選擇掩飾資訊，報告的醫師被當成罪犯。之後醫師李文亮過世的報導，震撼了整個中國，沒想到當局也突然把他塑造成「英雄」來紀念。在疫情初期，有數名醫療人員相繼過世，因此他的死因，被高度懷疑是遭受院內感染（按：李文亮於二〇二〇年一月三十一日確診感染新冠肺炎，二月七日病逝）。

之後學校封閉，中國各地城市的地下鐵空蕩蕩的，火車站跟月臺都空無一人。景象宛如荒廢的鬼城。原本勢如破竹的中國經濟，突然迎來了黑天鵝。

我想起一本書，是由美國外交官拉爾夫·湯森（Ralph Townsend）撰寫的中國觀察紀實，《墜入黑暗之路：揭露中國之實》（*Ways That Are Dark: The Truth About China*）基於歷史見證的角度，是中國當時情況的珍貴資料，同時也是第二次世界大戰前後的歷史書籍中，具有相當參考價值的書。

在美國，相繼出現許多基於歷史修正主義（按：基於以往忽略的證據重新解讀歷史）的新歷史書籍、研究報告等，同時也了解到，當年羅斯福總統向日本宣戰，是因為他偏激的反日主義作祟。還有，當時有許多美國媒體、傳教士對中國抱持好感，因此他們提出的報導、報告等，很多毫無事實根據。另外，充斥在羅斯福政府內部的蘇聯間諜，蓄意排除報導共產主義之惡的記者，這些相關活動都與其有著極大關係。

對此，講出事實的湯森，就被羅斯福政府迫害，並遭到監禁。這本書是由八十多年前的美國外交官，以他的親身經歷，詳細敘述為什麼中國會反日。

在書中，對於在福州肆虐的霍亂疫情景象，湯森做出如下描述：「雖然當局官員的殘酷程度讓人無法忽視，但更令人難忘的是，福州霍亂肆虐的那年夏天發生的事情。有個像是挑著扁擔、或是背著竹籠的人，突然痛苦掙扎後倒地，如果不是這個人的朋友或親人剛好經過，他會就這樣死在路上。再來，要是沒人收走遺體的話，就會直接曝屍在城裡。上海各大報雖然宣稱死亡人數不多，但實際看來並非如此。當地家家戶戶都有人過世。舉行喪葬的隊伍絡繹不絕，掘墓人忙碌得不得了。從這些景象就可以立刻了解，『新聞報導的內容有問題』。」

現在大多數的中國人都知道，官方公告的武漢肺炎死亡病例數據很奇怪。

書中也提到，中國人有個觀念：「因為家裡養豬，所以住家等於養豬場。他們才會毫不在意動物進出住家、弄髒家裡。」家裡面挖個洞就是垃圾集中處，那裡「混雜了家畜的排泄物，跟不知從哪裡流過來的不明汙泥等，十分髒亂。（中略）他們基本上不會主動清掃，只會幾年焚燒個一次。四周充滿惡臭，難以呼吸。滿身髒汙的豬隻進到家裡，一邊趕著蒼蠅，一邊找東西吃，還用背磨蹭家裡的梁柱。」

總而言之，「中國人的住家環境跟街道，是世界數一數二的髒亂」，他們卻又很重視外在的光鮮亮麗。「只要外表看起來很乾淨，就會誤以為一切都很乾淨整潔，其實並非如此。他們除了身上穿戴的東西之外，都十分髒亂不堪。」（以上引號中的內容，源自先前提到的湯森的著作）。

八十年前的中國，與現在又有哪裡不同？

接下來，我談談我在中國的實際經驗。有一次，我們一行人住在靠近哈爾濱與俄羅斯邊界牡丹江附近的一個小鄉村。當地人使用充滿汙水淤泥的河水煮湯。我喝了一口，就馬上吐了出來，但還是拉了整整三天的肚子。同行的友人卻說著：「好喝！」然後把湯全部喝完，結果他回日本後，肚子痛了十天。

另一次是在開平，從廣州往西方約三小時車程可以到達這裡。這是以勞動人力交易而興盛的城市。從對岸眺望一間間小攤販，可以發現他們用像是汙水的河水煮拉麵，還用這些水清洗餐具。看來中國人有著一定程度的免疫力，對他們而言，這種程度還不會引起腹瀉。

還有一次是住在峨嵋山山麓的旅館，當時旅館正前方有個賣烤蠍子的小攤販，因為有一半沒熟，我便丟掉了該部分不吃，而一起旅行的朋友，在吃了整隻蠍子後，隔天嚴重腹瀉。

就連在北京、上海的高檔餐廳，主廚在料理時不洗手、也不戴口罩。有位三越的員工山內悠二，曾被外派到北京飯店、擔任採購工作，他把親眼目睹的情況告訴我：「只要知道是做給日本客人吃的，他們就會先吐一口口水在食材裡，接著才用平底鍋慢慢的炒。」不過，我對這種情形，一點也不感到意外。

「一帶一路」在全球飽受挫折

中國為了提振國內衰退的經濟，對外推出一項計畫，便是通稱的「一帶一路」。英文簡稱為ＢＲＩ（Belt and Road Initiative）。

中方大肆宣傳的「一帶一路」，世界各國對這項計畫的期望轉變為失望；而在開發中國家，更驚覺自己已經掉進了債務陷阱。自武漢肺炎疫情開始蔓延後，建設工地的中國勞工和工程師並沒有回到崗位，堆土機停止運作、水泥棄置一旁，到處都傳出工程延宕的情況。

中國對南太平洋的各個島國，則是透過撒錢的方式推展政治工作，接連攏絡萬那杜、斐濟、巴布亞紐幾內亞、東加、索羅門群島等國的官員，要他們與臺灣斷交。

對中國的做法感到不滿的動作也越來越明顯。在越南和菲律賓，當地民眾高舉寫著「中國滾蛋」的旗幟，示威遊行絡繹不絕。

二〇一九年十月，捷克首都布拉格宣布解除與北京的姊妹市關係。過去捷克與中國在外交上的關係一直都很好，一帶一路的推行也很順利，不過因為民眾厭惡中國人，表示要結束友好城市的關係。之後布拉格於二〇二〇年一月正式宣布與臺灣臺北市締結為姊妹市，上海市對此感到不滿，同時宣布取消與布拉格的姊妹市關係。

歐盟諸國針對中國的各項報告也非常悲觀。由於新冠肺炎疫情，導致義大利、法國出現大量死亡病例，於是也重新檢視整個歐洲的一帶一路相關工地現場。雖然習近平十分關注一帶一路計畫，但像是在印尼的高速鐵路工程、柬埔寨施亞努港工程現場等的勞工，因為感染了被認為是中國湖北省勞工帶來的新冠肺炎病毒，使得全世界猛烈批判與抨擊一帶一路。

中國意圖以全球性的規模，增加政治與經濟上的影響力，而把一帶一路推向全世界，並在巴基斯坦進行最大的投資。計畫總預算為六百二十億美元，目前中國已投入了一百九十億美元。

「一帶一路」大肆宣揚的核心計畫「中巴經濟走廊」（CPEC，China-Pakistan Economic Corridor）的大要，就是以巴基斯坦西南部的瓜達爾為據點，建設石油及瓦斯管線、高速公路和鐵路，並且架構光纖網絡，直接連結至中國新疆省的喀什市。

然而，實際上這只是在沙漠裡建起龐大規模的廢墟，兩位巴基斯坦的前總理，也因貪汙入監服刑，資金早已不知去向了。

「巴基斯坦向國際貨幣基金組織（ＩＭＦ）交涉救濟案件，後者最終批准了六十億美元的救助。這是一九八〇年以來，巴基斯坦第十三次向國際貨幣基金組織交涉。對他們來說，違約是家常便飯，不還款是理所當然。由此看來，由中國主導的一帶一路計畫的重要案件，中途喊卡的可能性很高。」（節錄自《印度時報》〔*The Times of India*〕二〇二〇年三月八日刊。）

國際貨幣基金組織同意以六十億美元提供救助，也意味著債權方放棄了手上八〇％的債權。當初巴基斯坦向中國提出追加融資的要求，中方只有口頭提及「我方會盡可能提供任何協助」，但在關鍵時刻提供過渡貸款的國家，卻是沙烏地阿拉伯和阿拉伯聯合大公國。由此可見，巴基斯坦和中國的蜜月期已經結束。二〇二〇年三月十七日，巴基斯坦總統阿里夫·艾維（Arif-ur-Rehman Alvi）前往中國拜訪，與習近平會談長達六小時，但依舊沒有提到關於融資的具體金額。

在現場工作的勞工領不到薪水，水泥等建設用材料遭到盜賣，建設用的工程機械遭竊，從鐵路工程現場盜出的鐵軌，被當成廢五金販售。但政府高官卻只忙著想，賄賂能收到多少鈔票。

有香港特派員到實地採訪，描述現場的實際情況如下：「工地四周架起高聳的圍欄，現場積滿厚厚的黃沙，沙塵隨風飄揚，卻不見任何勞工的蹤影，出口加工區和工廠預定地幾乎都快被埋在沙子中，只見雲母的碎片還閃閃發亮。」而且照理來說，現場應該能看到往來喀拉蚩港的定期貨船，但實際上，除了有一艘巴基斯坦海軍巡防艦停泊在港口之外，沒有見到任何商船。

沿著港灣建設的機場，原定應在三年前完工，如今進度只完成不到三分之一，但根據巴基斯坦政府的官方說法：「已完成整體三分之一的進度。」如果真是這樣，剩下的不知何時才能完工？

更別提瓜達爾港的位置鄰近伊朗，居民是俾路支人。「由於有相當多的中國勞工就住在巴基斯坦西部的俾路支省，這裡的新冠肺炎確診者數也異常驚人。」（巴基斯坦歷史最悠久的英文報紙《黎明報》，二〇二〇年三月二十五日刊。）

部分渴望獨立的極端組織武裝分子，綁架、襲擊甚至殺害中國人的事件早就層出不窮。在二〇一九年五月，更攻擊中國興建的豪華酒店，並且殺害了五個人。鄰近國家包括斯里蘭卡、馬爾地夫，以及早已被中國資本滲透的尼泊爾和孟加拉等，對此深感威脅。

有關孟加拉的悲慘境遇，將於下一節說明。

面對全世界的反中浪潮，為了挽救頹勢，習近平在二〇二〇年一月十七日，無視中國境內的疫情持續擴大，依舊前往緬甸訪問。並且在當地正式宣布他最重視的計畫之一——「皎漂深水港開發案」（免稅工業特區建設）。

四面楚歌的習近平，轉而向緬甸示好

但是，這跟斯里蘭卡的漢班托塔港、巴基斯坦的瓜達爾港、以及孟加拉吉大港的疏浚承包工程、馬爾地夫的無人島開發案相同，都是債務陷阱的一部分。

皎漂港連接至中國雲南省昆明市的瓦斯管線，已經鋪設完成。

皎漂港區廣大的土地（地形如臺地的農業地區與山林），也早已被中國買下。在二〇一八年十二月，我前往當地取材時，現場雖然已經建起辦公大樓和巨型看板，但工業園區、港灣等建設預定地卻沒有動工的跡象。這種只會喊喊口號、光說不練的情況，在我之前的拙作《日本的危機！一帶一路的陷阱》（暫譯，Heart出版）當中有詳細的說明。

工期延宕的背後原因，主要是由於翁山蘇姬政府遲遲不願決定，在緬甸西海岸若開邦的地緣政治學要衝，到底要選擇南方的皎漂鎮還是北邊的實兌港比較適合。若開邦是羅興亞人主要集中居住的地區，佛教激進分子驅逐了信仰伊斯蘭教的羅興亞人，當時至少有七十萬名羅興亞難民逃到孟加拉，在聯合國的援助下居住在帳篷內繼續生活。也因為世界各地媒體大肆報導羅興亞人難民問題，讓緬甸在國際社會上更加孤立。

正因如此，翁山蘇姬政府立刻答應了這項中國提出的開發案。但由於計畫所需預算過於龐大，初步估計他們就發現，政府根本負擔不起這筆總額七十億美元的經費。於是經過一段時間的精算後，提出要求希望將預算降至十三億美元的結論。

緬甸在國際上受到孤立，中國抓住這個時機，悄悄接近翁山蘇姬政府。原先藉由中國支援而興建的密松水電站，因當地居民強烈抗議而停工以來，一度緊張的中緬關係，突然重修舊好。從其他角度來看，中國確實相當焦慮吧。

鄰國孟加拉也在武漢肺炎疫情的影響下，與中國的友好關係瀕臨破局。

過去幾年來，孟加拉的GDP成長率，一直維持在高成長的六%至八%之間，讓不少經濟學家相當驚訝，特別是中國等外資企業也持續進駐。包括纖維、雜貨、運動鞋、玩具類等，下游產業（按：最接近消費者的銷售、流通、服務產業）為了追求更低的勞動成本，景氣便依循建設工廠、擴大規模、出口增大的擴增循環，越來越好。這種現象從印度到巴基斯坦都可以見到。其中最具代表性的，莫過於紡織工業集中在孟加拉和斯里蘭卡投資了。

然而源自中國的新冠病毒疫情是全球性規模的，奪走了零售店、百貨公司、連鎖服飾店的商機。像是颯拉（ZARA）、H&M、優衣庫（Uniqlo）、班尼頓（Benetton）等品牌，面對急遽下滑的營收，經營者無不面色慘白，甚至收了好幾家店鋪，再這樣下去，也很有可能取消下一季的訂單。

根據孟加拉成衣製造商和出口商協會（BGMEA）的統計，整個孟加拉失去的訂單就高達二十四億英鎊（按：約新臺幣八百八十八億元）。對於經濟規模不大的孟加拉而言，成衣產業為出口的主力，遇到這樣的慘況，等同宣告經濟前景籠罩烏雲。日本迅銷公司（Fast Retailing）旗下的優衣庫，與孟加拉鄉村銀行異業結盟推展的十幾間服飾店，也受到疫情的影響，消費力道急遽減退。不僅是中國的店鋪，韓國的分店也陷入苦戰，日本方面的營收也跌到了谷底。

孟加拉首都達卡的外國人居住區，豪華公寓大樓與購物商場林立，當然更少不了高貴裝潢的餐廳和酒吧。二〇一六年七月發生的達卡襲擊事件中，有二十二人不幸罹難，其中七名為日本籍，事發地點就在這個區域的一家餐廳裡。

H&M、特易購（TESCO）、颯拉、next服飾、馬莎百貨等品牌，取消了已經向孟加拉下訂且正在生產的訂單，金額總計約十三億英鎊。這項舉動讓合計約三百家的纖維、成衣工廠哀鴻遍野，也裁減了員工，特別是女性裁縫員工，總數約一百萬人。也就是說，突然有一百萬名失業者充斥這個未開發國家。每位裁縫工人的月薪約五千日圓左右（按：約新臺幣一千三百五十元），許多人都是從農村大舉湧向工廠，這些錢足以讓多數家庭填飽一家人的肚子。也因此，裁員對農村的經濟而言非常致命。

數年前，當我還在孟加拉時，曾在早上撞見大批女工走路到工廠上班的壯觀景象。就是這總計兩百萬名女工，扛起了孟加拉出口主力的重擔。

H&M雖保證，已下訂的部分會如期付款。但夏天過後，早該下訂的秋季新裝卻遲遲沒有發單。相同的情況，恐怕也將在成衣工廠密集的泰國和緬甸國境、柬埔寨、越南、斯里蘭卡等國家上演。

可供作軍事用途的產品，不准輸出至中國

美國完全放棄自歐巴馬政府以來的親中路線，轉以削弱中國經濟為首要目標。

休・懷特（Hugh White）教授曾任澳洲政府軍事戰略顧問、國防部副部長，目前任教於澳洲國立大學，也是南太平洋安全問題的專家。他曾於其著作《美國選擇中國的日子》（*The China Choice: Why America Should Share Power*，二〇一三年出版），提到這麼一段話：「當中國日漸壯大之時，美國為作日本的後盾，勢必不得不犧牲與中國良好的關係。」

歐巴馬政府不敵中國的銀彈攻勢，讓自己深陷泥沼。在西方國家當中，親中路線最為明顯的澳洲總理拉德（Kevin Michael Rudd），非常歡迎中國對礦產等的投資。事實上，西方各國中，澳洲的路線最親中。

至於川普，則是直接對中國發動貿易戰，此舉意味著美國外交方針的重大變動，美國國

內的親中派陷入沉默，對中強硬派成為媒體的主流。

前面曾提到，美國的對中政策呈現一百八十度的大反轉。以華府的角度來說，雖然沒有正式發出聲明，現在也非戰爭狀態，嘴上自然不會稱對方是假想敵國，但這種做法，事實上已經等同於把中國視為敵人了。

這麼一來，日本向來最重視對美關係，卻和中國的關係越走越近，甚至還打算以國賓身分邀請習近平。美國會怎麼看待日本的這些舉動、方針？

記者兼時事評論員古森義久對華府的消息十分靈通，他在與矢板明夫合著的《美中衝突與日本將來的走向》（暫譯，海龍社出版）中就曾表述：「川普身邊的人可能會警告他：『安倍政權如今對中國的態度很奇怪』、『再這樣下去，安倍晉三就不是您的朋友了』。」

中國在次世代科技霸權競賽中，暴露了自己的致命弱點，那就是他們無法完全自製半導體。在中樞元件上，中國主要依靠日本，其他部分則倚賴英特爾、高通、三星，以及他們最大的供應商——台積電。

半導體製造裝置的廠商，主要為日本、美國和荷蘭。韓國與臺灣雖然製作部分的製造裝置，但對於最重要的技術層面不構成太大影響。

對此，中國將目標鎖定擁有優秀光刻技術（Lithography）的荷蘭艾司摩爾公司（ASML Holding N.V.）。

二〇一九年一月，荷蘭政府原先準備批准，艾司摩爾－臺光刻機的對中出口許可證，當時設備已經裝船完畢，即將出貨給買方的中國企業（傳聞是中芯國際〔ＳＭＩＣ〕）之時，荷蘭當局決定攔阻貨物出口，於是機臺就這樣留在船上，沒有完成交貨。

簽約金額達到一億五千萬美元，至於傳聞的買方中芯國際，中文全稱為「中芯國際集成電路製造有限公司」，是中國目前最大的半導體製造商。

提到規模更大的例子，便是兩年前，美國英特爾停止提供半導體給中興通訊（ＺＴＥ），造成他們一度瀕臨破產。當時習近平還曾緊急致電給川普，最終在繳納了十四億美元的巨額罰款（理由是違反出口至伊朗的禁令），並同意美方的條件後，才允許恢復交易。之後，英特爾便逐漸縮小中國工廠的規模，將主力工廠轉移至以色列。

中國企業也曾試圖買下高通，但就在高通即將成為中國籍公司之時，川普政府及時介入阻止。川普甚至還命令中國企業，要出售先前已併購的美國企業。

有一家在美國成立並急速發展，名為「StayNTouch」的知名酒店物業管理系統（ＰＭＳ）公司，使用者可透過他們的軟體，預約、管理世界各地的旅館房間（共九萬間房間），也可以透過智慧型手機預約，並用信用卡結帳。他們與許多旅館合作，包括萬豪酒店集團、洲際酒店集團，到一般的商務旅館等。

「北京中長石基信息技術股份有限公司」於一九九八年成立，總部位在中國北京，雖然還是一家新企業，卻已在世界七十個國家設置據點，在中國有四十家分公司。與其簽約的旅館數約有六萬間，員工總數約三千人。用日本市場來比喻的話，大概是訂房網站「Jalan.net」、「一休.com」，以及樂天旅行社三家加起來的規模。阿里巴巴看好該公司的前景，並收購他們一五％的股權。這家北京中長石基信息技術在二〇一八年時，收購了「StayNTouch」。

二〇二〇年三月六日，川普政府從保障國家安全的觀點出發，認為這項收購可能會有洩露客戶住宿狀況、信用卡資料的疑慮，對於美國的安全來說可能形成威脅，於是下令中長石基必須在一百二十天內，脫手所有StayNTouch的所有權及資產。

接下來的問題，則是關於半導體設計的巨擘——英國安謀（ARM）公司。

軟體銀行的孫正義花了三兆日圓的天文數字，收購了這家公司。原先安謀公司管制提供設計圖給中國。因此，中國之後還出現了一間詭異的「安謀中國」合併子公司，等到大眾發現時，孫正義已經把持股，賣給這家與中國合資的公司了。

川普政府以「軍用半導體必須在美國生產製造」為由，向台積電施壓。主因是他們生產給美軍次世代戰鬥機F－35使用的半導體，這項高科技武器零件有流向中國的疑慮，所以川普政府才會如此執著的施壓。對此台積電採用的手法，是與中方共同設立合資公司以規避制裁，弔詭的是裡面有三千名挖角來的臺灣籍員工。表面上的理由是「薪水高了兩倍，才會接受挖角」，但傳聞這可能是套好招的做法。

被視為臺灣企業「美元搖錢樹」的資訊科技產業，特別是半導體和液晶，都被新冠肺炎所影響而奄奄一息。股價滑落最為嚴重的鴻海，跌幅為一四％（以下均以二〇二〇年一月二十日和三月二日的收盤價來比較）、台積電則是跌幅七％、製造電腦電源供應器的光寶科技（LITE-ON）跌幅為一四％、鏡頭模組的大立光電跌幅一二％、觸控面板的宸鴻光電跌幅一五％、DRAM的南亞科技跌幅一〇％、而液晶顯示器的友達光電跌幅為一二％。

造成股價嚴重下滑的主因，在於中國工廠的供應鏈中斷，加上零件調度出現問題，以及員工遲遲無法回到工作崗位所致。中國各地因為疫情而封鎖道路，使得承包商的運送貨車，因區域的不同，可能無法順利調度。這次的新冠疫情，也顯現了過度依賴中國工廠有多麼危險，各家企業也紛紛急著把生產據點，轉移至中國以外國家。

貢獻蘋果智慧型手機一半營收的鴻海，其主力的河南省鄭州工廠，離完全恢復運作還很遠，迫使蘋果重新認真檢討過度依賴中國的情況。（按：二〇二〇年八月二十八日，《經濟日報》報導，鄭州廠復工率達到九〇％。）

中國的華為則恰恰相反，採取積極擴大對歐洲的投資策略，與現實相互矛盾。歐洲除了英國外，多數不贊同美方的做法，其中德國和法國均不支持排除華為。歐洲明明有諾基亞（NOKIA）與愛立信（ERICSSON）兩家公司，而且前者正因開發經費減少，在與中國的市場競爭上陷入苦戰，卻完全無視歐洲企業衰退的現況。（按：法國之後轉為排除華為，德國也將收緊審查電信網路供應商，變相排除華為。）

歐洲這樣的態度正好象徵了「自由競爭」的弊病，但華為非常喜歡，便宣布投資法國兩百四十億日圓，預計建設新工廠及僱用五百人；另外也在德國設立了研究據點、並於二〇一九年秋天時，在瑞士開設了5G研究實驗室。

在中國的資訊科技產業、智慧型手機等新時代的高科技，是由所謂的「民間」企業創造的。但就像阿里巴巴跟騰訊的經營高層是共產黨員一樣，華為與中國解放軍的密切關係，也是眾所皆知的事實。

前面曾提到，西方世界的企業對中國的投資，常受到美國的強大政治壓力。但就連反川普立場鮮明的喬治·索羅斯（George Soros），也疾呼要強化對中國的制裁、排除華為，主張歐盟各國應該同心協力，扶植諾基亞和愛立信。

為了對抗反中政策，將企業收歸國有、汰換人事

到二〇一九年底為止，中國國內有關數位監控技術、公共安全資料、保全系統、電力管理系統、鋰電池製造相關的公司和廠商，像是美亞柏科信息、遠光軟件、英飛拓科技、東方

網力等，共超過四十家以上被收歸國有。對外的理由是「重振高科技產業」，實際上只是把高科技企業與軍事技術，進行更深化的整合。

同時，中國也逐步汰換國營企業的人事，多採用沒有包袱、較無涉貪疑慮的精英人才，包括中國石油化工股份有限公司（Sinopec）、中國石油天然氣集團（CNPC）、以及從事輸供電業務的「國家電網有限公司」等。確實，若是沒有包袱，也就代表越公開透明，但也意味著在經營上，做決策的反應可能較慢。

綜上所述，可看出這些是中國為了因應美國的反中政策，以保障國家安全的觀點，急忙重整組織。但從財務面來看，令人匪夷所思的情況層出不窮。

像是二〇一九年十一月，阿里巴巴在香港股市掛牌上市。發行了五億股新股，募得了約八百七十五億五千七百萬港幣（按：約新臺幣三千兩百四十億元）。而阿里巴巴早在二〇一四年時，就已經在華爾街掛牌上市（二〇二〇年七月市值約四兆一千億人民幣，約新臺幣十七兆三千五百億元。其中軟銀持有約十四兆日圓，約新臺幣三兆七千八百億元的股份），或許會有人想問：「為何要在香港掛牌，這樣一來不是重複了嗎？」但其實真正的問題應該是：「為什麼他們這麼需要資金？」畢竟發行新股，就等於再向市場募資。

英美盛行的「科技民族主義」（technonationalism），使得次世代科技的開發進度遲緩。而且川普打算跳過 5G、把目標放在 6G 行動通訊，日本也朝著這個方向，大規模協助，以二〇三〇年為目標之一。

中國則是將「中國製造二〇二五」作為政策目標。第一項是自製半導體、第二項則是把強化開發目標設定在宇宙、航空、新材料、醫藥、化學、運送機械、人工智慧等十個領域。目標達成率設定為二〇二〇年達到四〇％，二〇二五年則是達到七五％自製。但這次的新冠病毒疫情，恐怕會讓這項計畫大幅延遲。

加上美國科技民族主義盛行，先是阻止中資收購美國企業、逮捕高科技商業間諜、把華為和中興通訊等八十四家企業列入實體清單，接著向英國施壓，要求他們把中國勢力排除在電信通訊基礎建設之外。英國因此需要花費十二億五千萬美元，重新架構通訊建設。

目前依舊使用中國製品的有法國跟德國。在亞洲，像是印度、馬來西亞以及東南亞國家協會（ASEAN）諸國等，還是無法脫離中國的系統。

美國企業則是積極著手重新調整供應鏈，以目前全球半導體的市場占有率來看，美國占了四五％、南韓則是二四％。但美國高通的營收有六〇％得依賴中國，美光科技（Micron）是五〇％，博通（BROADCOM）則是四五％。因此短時間內，恐怕還是很難重整供應鏈。

與此同時，中國企業開始頻繁出現債務違約的情況。

二〇一九年十一月底，中國「西王集團」爆發公司債債券違約（違約金額約一百五十億日圓，按：約新臺幣四十億五千萬元）的消息，這起事件替中國公司債市場，敲響了警鐘。

陷入美元不足的當局，別說是透過變更政策、縮小這些企業的信用額度上限，以達到去槓桿（Deleverage，壓縮過剩債務）了，共通的是這些銀行，還在企業未提供具體擴展計畫或藍圖的情況下，便輕易借出鉅額貸款。

加上這些企業大都以投機心態來炒作土地、股市、外匯市場，或是收購海外的企業（如山東省如意集團收購英國老字號服飾店），甚至未經審慎評估便進行設備投資（如中國宏橋集團有限公司等）。他們因為這些不合潮流的不動產投機行為，結果無法回收投資，加上銀行緊縮貸款，形成公司債倒債的連鎖反應。

「呼和浩特經濟技術開發區投資開發集團」，可說是內蒙古自治區地方政府直轄的企業，他們發行的債券，在二〇一九年十二月出現無法償付的情形。準公家機關竟然也會出現違約的情況，一般認為能安心投資的債券，也出現無法償付的問題。

自治區首都呼和浩特的包商銀行破產，被歸屬在公家機關的管理之下。同時也發生地方銀行破產的情況。

新冠肺炎疫情，是中國版「車諾比事件」？

中國債權市場規模約五百兆日圓（可與日本的GDP匹敵），二〇二〇年一月時設立了「垃圾債券市場」。所謂垃圾債券，便是指信用評比為「有高投資風險」的債券。即便如此，中國民間企業的債務違約比例，達到了異常的四．九％。這場債務違約風暴就像新冠肺炎疫情，很可能一瞬間就會蔓延開來。

高科技業也被迫脫離中國，新冠病毒疫情爆發成了分水嶺，拉低了中國在全球供應鏈中的地位。

另外，臺灣與東協各國作為中國的競爭對手，地位也水漲船高，雙方之間的價格戰只怕越演越烈。中國貿易及經常收支的惡化，外幣市場上調度美元的難度恐怕也會增加。這會讓中國國內的金融緊張情勢升高，成為泡沫崩壞的溫床。再加上不斷藉由財政支出刺激景氣，及公部門對民間的投、融資（像是經營體質惡化的HNA集團〔海航集團〕，最終被海南省政府接管），更讓情況雪上加霜。

由於中國當局封鎖相關情報，使得疫情初期的因應措施晚了一步，且未於第一時間發布緊急命令，錯失了及早對應的良機。特別是還對世界衛生組織施壓，這種種舉動都大大拉低了中國的國際評價。

這次的新冠肺炎疫情，越來越有可能成為「中國版的車諾比事件」。

車諾比核事件發生在舊蘇聯時代，因為當局刻意封鎖消息，導致許多人喪生，這暴露出當局在技術、生產體制、各項基礎建設系統上的嚴重缺失。在進行善後的過程中，也耗費龐大的成本，最終導致在事件的五年後，舊蘇聯體制宣告垮臺。

從前面幾點看來，新冠肺炎疫情對於習近平強權體制來說，似乎扮演了與車諾比事件相同的角色。

在這同時，中國也面臨其他災害的威脅。

隱藏在武漢肺炎疫情騷動的背後的，是中國當局擔心的另一項問題，也就是蝗災。

聯合國糧農組織（FAO）於二〇二〇年一月時，發出東非（主要指肯亞、衣索匹亞、索馬利亞）遭受嚴重蝗災襲擊的相關警告。掌握到的情況是，由蝗蟲、蚱蜢、甘藍夜蟲等昆蟲組成的大軍，順著西風帶，一路襲擊印度、巴基斯坦等國家。甘藍夜蟲為甘藍夜蛾的幼蟲，據說連一般日本家庭的菜園也曾受其侵襲。東非的「沙漠蝗蟲」就像大胃王，肥滿圓潤。緬甸有些少數民族，會把蚱蜢以佃煮（按：加入醬油等調味料和水，再將食材熬煮到收乾）或油炸方式調理來吃，但畢竟數量非比尋常，應該不適合作為主要的防蟲對策。

印度栽種糧食的農家也受到波及。災情嚴重的巴基斯坦則是透過空軍，從空中噴灑除蟲劑來對付蟲害，遺憾的是幾乎沒有效果。在一月時估算牠們的路徑可能會經過哈薩克、吉爾吉斯、巴基斯坦等，鄰近中國新疆維吾爾自治區附近。同時指出三月時，蝗災就會抵達天山山脈（節錄自《新聞週刊》〔*Newsweek*〕日語版，三月三十一日）。

當蝗蟲、蚱蜢、甘藍夜蟲啃食完一個地區的農地後，就會尋找下一個目標。最有可能從巴基斯坦進入青藏高原，然後入侵雲南省、青海省的農業地區。

一九二九年蝗災襲擊中國東北地區，接著侵入蒙古，導致約一千萬人餓死。中國漢人大舉遷徙到蒙古，瞬間超過了蒙古的人口，奪取了他們的國家（靜岡大學教授楊海英認為，當時是由於蝗災的關係，才使得內蒙古自治區內以漢民族為多數〔同樣節錄自《新聞週刊》同版同期〕）。

對此，中國國家林業局從二〇二〇年一月開始，先後召開了四次緊急會議協商。大量蝗蟲啃食農作物的景象，就像著名作品《大地》（*The Good Earth*）裡描寫的慘況，許多農民不是餓死就是逃亡，放眼望去盡是一片荒蕪的田地，這樣下去肯定會引發嚴重的飢荒。

中國農業對國內GDP的貢獻為七．二％，從事農業的人口約有六億人，雖然都市化程度已達五一％，但一到農忙期間，許多原本離鄉到都市的工廠賺錢的人們，都紛紛大舉返鄉協助。到二〇一九年為止，中國因非洲豬瘟疫情，屠殺了四億四千萬頭染病豬隻，造成中國國內豬肉價格飆升。再加上伊波拉出血熱，以及二〇一九年十二月爆發的「武漢肺炎」大流行，使全球陷入一片恐慌。

接踵而來的蝗災，也只能以「禍不單行」來形容了。

第三章

比病毒更可怕的人權打壓與資訊滲透

世界衛生組織（祕書長譚德塞〔Tedros Adhanom〕）將新冠肺炎命名為「COVID－19」，名稱裡故意避免使用「武漢」、「中國」。

之所以會如此命名，是因為受到中國的巨大壓力。不僅如此，在二〇二〇年三月十日以前，世界衛生組織一直不承認這個源自中國的新冠肺炎，已造成全球大流行。網路上也有人用「譚德塞病毒」這個詞來批評、斥責，網路社群也隨即展開連署活動，要求譚德塞下臺。

為明確表示新冠病毒是源自中國，美國把它稱為「武漢病毒」，川普更進一步主張，應該要稱作「中國病毒」。川普同時譴責：「世界衛生組織都是以中國為中心。」

簡單來說，這是一場「起源於中國」的新冠病毒疫情。中國隱匿實際情況，導致全世界陷入恐慌和不安。美國雖然立即停止飛往中國的航班，但是從西海岸到紐約，都已經受到感染，美國政府遂宣布進入緊急狀態。

這時，在中國，卻出現一種說法表示「個人生活受到嚴格監控，反而讓人安心」，這種論調根本是本末倒置。

即使走在街上，裝設在十字路口的測速相機，不但能辨識人臉，也能檢測體溫，判斷哪個行人體溫超過三十七・五度。這是監控大國才可能會出現的系統。在中國，無論坐飛機或者高鐵、長途巴士，乘客原本就要出示身分證。現在所有活動都停頓，全中國七萬多塊的銀幕數（按：影廳數）、一萬兩千多家電影院也被迫關閉。二〇二〇年三月上旬，北京好不容易重啟部分經濟活動，但是必須實名登記。民眾看個電影還要採實名制，這樣的國家真是離譜。日本如果這麼做，恐怕就沒有人會去電影院了。在日本，民眾不用身分證也能坐飛機，搭新幹線當然更是不必。

在中國住飯店，原本就要攜帶身分證；如果是外國人，投宿的飯店房間一定有竊聽設備。事實上，我自己也有親身體驗。我曾到內蒙古自治區赤峰市，一早坐火車到達後，原本在車站前的飯店休息，但因為下大雨，我要求改為住宿，這時飯店人員卻說：「外國人不能住宿。」我問：「為什麼不行？」他只回答：「這是規定。」

這與西方國家的做法恰巧相反。為尊重個人隱私，就算技術上做得到，裝監視器等監控設備也必須很慎重。不，應該說是太過慎重了。

例如，英國巴克萊集團（Barclays）利用科技系統監控員工的行動，並警告工作沒效率的員工，後來這項做法被員工批判是侵害隱私，於是企業撤除了該監視系統。

在中國，壓制言論、隱蔽資訊和操作資訊的手段也非常厲害。

中國當局也承認疫情死亡人數超過三千人，但民間相當質疑官方公布的人數：「太少了，實際死亡人數應該是十倍。」中國政府非常擅長隱蔽和操作資訊，蒙混疫情犧牲者等數據，對他們來說只是小菜一碟。

為報導真實情況而前往武漢的獨立媒體人，以及報導疫情發展的律師、學生等人都「失蹤」了。這是因為中國當局不想讓這些人揭發，想要掩蓋遠超過公布數據的實際死亡人數。這是中國共產黨基於統一管控資訊原則所慣用的手段、壓制言論的延伸。

令人注目的是，中央電視臺（CCTV）前主持人崔永元（先前曾爆料女演員范冰冰逃漏稅），從二〇一八年起成為活躍的獨立記者，二〇二〇年二月進入武漢，前往隔離醫院、火葬場採訪「真相」而遭到拘禁。

律師陳秋實一月二十四日進入武漢，採訪報導當地醫院的混亂狀況，二月上旬突然「失蹤」。有訊息傳出他受到當局的「強制隔離」。

還有，不動產大亨任志強批評中國國家主席習近平。雖然他跟中國副主席王岐山關係密切，但在二〇一六年任志強被要求封口一年，之後一直很低調。直到新冠疫情爆發，他開始再次批判習近平，三月以後便行蹤不明。四月八日才知道被公安拘禁。

北京「駐華外國記者協會」（FCCC）批評中國政府以記者簽證為武器，威脅外國記者。中國當局驅逐《華爾街日報》、英國廣播公司（BBC）等外國媒體出境，而且有十二名外國記者的一年簽證被縮短成半年。

當時的美國國務卿蓬佩奧相當重視這個問題，並發表聲明：「美國希望中國人民會和美國人民一樣，同樣享有獲得準確資訊和言論自由的權利。」（二月十九日）。

三月十六日，美國股市連續重挫，道瓊工業指數暴跌逾兩千七百點，創史上最大跌幅。

交易時間內創史上最糟單日表現，於是美國聯邦準備理事會緊急降息到零利率，重起量化寬鬆貨幣政策，但依舊無法抹去投資人內心的不安。

前陣子，聯邦準備理事會以「新冠肺炎疫情衝擊許多國家的社會和經濟活動，作為將疫情不良影響減至最低的對策之一」為由，決定導入零利率政策。聯邦準備理事會主席鮑爾（Jerome Powell）強調，新冠肺炎疫情的擴大，「對美國和全世界有深刻影響。尤其嚴重衝擊旅遊和觀光業，必要時會降息支持經濟」。美國不但會限制旅客從歐洲入境，也會限制美國國內的移動。繼中國、義大利之後，歐美也開始管制交通量，建議停辦五十人以上的聚會活動。歐盟執委會（EC）在討論強行對策，要停止外國旅客從境外進入歐洲三十天。

加入《申根公約》、可在歐洲會員國境內自由移動的二十六個國家，也被要求採取同樣的對應措施。繼丹麥、波蘭之後，德國、法國、瑞士等國也宣布跟進。因此，荷蘭皇家航空（KLM）發表聲明，將削減兩千名員工，並刪減班次和裁員。

波音公司與知名的希爾頓全球酒店集團，為籌募資金而貸款至融資的上限額度，從這一點也可窺見航空和旅宿業正面臨危機。航空公司、觀光業和飯店等業績惡化，導致裁減員工人數、個人消費意願低迷，也容易引起通貨膨脹。

全世界的觀光業不景氣十分顯著，就連知名飯店的住宿旅客也寥寥無幾，香港決定「所有國外旅客都必須隔離十四天」，於是三月十七日起，東京轉機飛往香港的航班全部停飛。

二〇一九年秋季到二〇二〇年初，香港局勢不穩，我曾三次前往香港採訪。即便當時治安混亂，香港航班都沒有停飛。

旅遊業和航空業，還救得起來嗎？

企業受疫情影響，資金籌集陷入危機。對金融機構來說，這些融資企業因為生產和銷售停擺，急著借錢的狀況格外令人注目。

加上原油價格下跌與沙烏地阿拉伯決定增產的影響，美國頁岩氣企業也受到嚴重衝擊。原油市價已經下跌一半。川普將頁岩氣出口視為美國經濟已復甦的成果，完全不擔心原油價格一度跌到每桶二十美元，十分令人擔憂。

疫情發展日益惡化。各國如同在黑夜當中前行，掙扎著想找到出路，此時北京政府卻高聲疾呼：「我們擊退病毒了，全世界要感謝中國。」

歐盟國家察覺到移民政策的失敗。無止境的接受肆無忌憚的中國人，容忍非法移民，即使取締毒品、槍砲走私，但黑手黨聯手歐盟境內的幫派，來躲避警察耳目，當中也有不少非法賣淫的女性入境。

這樣的放任政策，導致歐洲成為武漢肺炎疫情中最大的受害者。法國、德國因感染而死亡的人數急速增加，歐盟被迫重新審視過去的《申根公約》。

歐盟各國已封鎖邊境。四月十三日，全世界的感染人數超過一百八十四萬人，死亡人數突破十一萬人。世界彌漫著恐懼與不安。

新冠肺炎感染也蔓延到伊斯蘭教國家，伊朗的死亡人數急速增加。整個中東到亞洲的伊斯蘭教世界，尤其馬來西亞和印尼的疫情急遽擴大。印度的伊斯蘭教徒約有一億五千萬人，於是印度總理莫迪（Narendra Modi）宣布實施短期戒嚴令。巴西、菲律賓也封鎖國境。四月十三日的統計結果顯示，美國死亡人數超過兩萬人，都集中在中國城密集的紐約、西海岸的華盛頓州（最大城市是西雅圖，也是波音公司總部所在地）、加州和佛羅里達州。加州州長提出警告：「六萬名無家可歸的流浪漢很危險。」

另一方面，臺灣和以色列，在新冠肺炎的境外隔離抗疫上相當成功。

這是因為他們都有備戰的緊急對策，以及平日不懈怠的進行軍事訓練。以色列不僅禁止外國人入境，還聽說已經成功開發疫苗。（按：二〇二〇年七月十九日中央通訊社報導，以色列找到抗體能中和患者身上的冠狀病毒，有望協助早日研發疫苗。）

全世界的股市不斷重挫，首先是與中國的供應鏈中斷而受影響的製造業，尤其是汽車、半導體與其零件、原料。其次是對旅遊業、飯店、巴士，還有作為重要產業的航空業。

日本航空、全日空等航空公司，約有七成到八成的國際航班停飛，股價下跌約四〇％、近五〇%，前途一片黑暗。

川普政府正討論要伸出援手，拯救波音公司。歐美媒體的預測則表示，要恢復以往的旅客人數，最快也得要一年之後，最糟糕的情況可能要一年半的時間。而且，歐美對於新冠病毒疫情責任的追究，主要是華人禍害的「華禍論」，而不是黃種人造就的「黃禍論」。

接下來，日本接下來將要面臨真正的經濟嚴重低迷。

全世界受到新冠疫情影響，除了中國以外，最嚴重的可能是日本。但它並不是表現在感染人數或者死亡人數上，而是在經濟上的成本來說，無疑是受到最大衝擊的受害國。

三月以後，日本仍未限制中國人入境，所以感染人數持續增加，這是最大的敗筆。另有一種說法是，日本一再受到中國的政治壓力，所以跟美國同樣未採取禁止入境措施，而之後的因應對策也都太晚了。

但是，根本性的錯誤是，日本不注重國防力，平常的危機管理能力就很薄弱，是耽溺於和平、國家軍事力不強的軟弱體質，再加上官廳嚴重的垂直行政、不注重橫向聯繫，各自為政的意識造成禍害。

左派媒體把問題焦點轉為批判日本前首相安倍，電視臺則煽動恐懼心理，甚至引發民眾瘋狂搶購衛生紙的奇特現象。

日本消費稅提高，造成消費支出降低，日本經濟出現衝擊性的數字，二〇一九年第四季的GDP負成長六．三%（之後的修正值是負七．一%）。這還是在新冠肺炎疫情發生前，之後的情況更加惡化。

從股價大跌的狀況，也能了解到日本的經濟陷入衰退。

遠距辦公、無薪假、學校停課、春季高中棒球選拔賽（按：即春季甲子園）中止、演唱會等活動一律停止，東京奧運會也延期舉辦。大阪舉行的相撲大賽沒有觀眾。職業棒球開幕戰沒有球迷觀戰，奪冠賽開幕賽程未定。這些損害金額龐大，尤其許多自由接案的舞臺布景裝置、後臺休息室相關工作人員，月收入只有十萬日圓以下。入境旅客急遽減少，中小型旅行社陷入經營危機，其中也包括原本內定錄取的應屆畢業生，收到「取消內定錄用」的案例。特別是無固定職業的車掌，身分不屬於派遣公司員工，而比較像是領日薪的打工人員。這些人獲得的保障非常少，全都叫苦連天。

日本政府決定提供免利息、免擔保貸款，給陷入倒閉危機的中小型企業。

但是，當日本、美國股價震盪波動期間，中國股價指數反而上升，一般認為這是很不可思議的事。上海股市完全不見下跌。二〇二〇年二月四日，農曆春節剛結束，上海證券交易所綜合股價指數（滬指）跌到二六八五．二七點；二月二十一日，也就是新冠肺炎疫情造成全世界騷動，股價大崩落前，卻上探至三〇三九．六七點收盤。據聞這是因為中國當局嚴令投資人「不准拋售」，而金融機構強力買入所導致。

疫情讓日本經濟陷入危機，觀光旅遊業可說是首當其衝。

二〇二〇年二月底，我在日本宮崎市親眼看到，往年巨人隊春訓的季節、人潮聚集的大街，如今卻安靜的毫無人影，餐廳也門可羅雀。

平和台公園豎立著巨大記念碑「八紘一宇」（按：二次世界大戰時日本用來宣傳的標語，意指天下一家）。在這裡，我也聽到計程車司機發著牢騷：「以前這裡都停著十幾輛載著中國觀光客的巴士。你看！現在一輛都沒有。」

在宮崎市前往鹿兒島縣國分市的特急列車上，第一車廂只有六、七個乘客。鹿兒島飯店的入住率只有一半，吃早餐時，餐廳裡空盪盪。霧島神宮完全沒有觀光客。只有飯店裡多少能看到自由行的遊客，但是旅行團消失了，尤其完全沒有來自中國、南韓的團體。宴會廳也空著，整個飯店空蕩得像座鬼屋。

接著三月時，我順便去了四國的松山。有少許人來參觀子規紀念博物館、坂上之雲博物館，知名的道後溫泉也有零星觀光客，當地的特產品店店員閒得沒事做。

兼職和打工的員工被裁員。但不知道為什麼，櫃臺人員大都是中國女性（可以想像中國旅行團有多少，才會雇用中國人來服務這些旅客。而且，就算沒有觀光客，依照契約還是得繼續雇用她們）。

以日本全國來說，這種情況十分普遍。尤其北海道和大阪，飯店裡住宿的旅客減少了一半、甚至少得更多。大阪道頓堀豎立著「武漢加油」的旗子。迪士尼樂園、日本環球影城、上野動物園、國立歷史民俗博物館也都休館、休園，連帶受害的是巴士公司、導遊和翻譯人員。原本簽約的餐廳、土產禮品店（免稅店樂購仕、連鎖藥妝店松本清、連鎖3C電器名店友都八喜、連鎖雜貨超市唐吉訶德等店家也空蕩無人）、巴士包車幾乎都取消行程，司機閒得發慌。

東京原本最熱鬧的赤坂、六本木、銀座、池袋，人潮減少了一半，日本JR山手線和地下鐵也都空蕩蕩的。也就是說，從娛樂設施到電影院、柏青哥店、咖啡店、居酒屋，最後連風月場所，都沒有顧客願意上門了。單從表面上觀察、只鎖定觀光相關產業，就能發現事態嚴重到這種地步，因此股價會持續下滑，也是理所當然的。

四月八日，日本政府對七個都道府縣，十六日晚上對四十個道府縣發布「緊急事態宣言」。一旦發布後，全國的電影院和風月場所等都必須停止營業。

汽車銷量也呈現持續下跌的慘況。根據二〇二〇年一月分的資料，中國的新車銷量減少一九%，二月以後減少七〇%。在中國，豐田汽車銷量減少七〇%，本田汽車減少八五%，拚命擴廠的結果卻適得其反。通用汽車銷量減少九二%，韓國現代汽車減少九七%。

日本最大工程機械製造商小松集團，在中國的工程也停止，造成營業額減少三〇%。製造零件的承包商在中國，並集中在武漢，因此一旦停止生產線，也就無法出貨。還有，製造零件也需要材料，依賴進口原材料的產品，也很難更換替代品。進駐武漢的汽車零件製造廠有三百家以上，幾乎可媲美半導體製造廠商了。

武漢是資訊科技相關產業的中心。日本分派五次全日空包機，協助旅居湖北省武漢的日本人搭機返國，他們大都是汽車和半導體製造廠的工程師、管理人員。也就是說，在中國的汽車和半導體供應鏈，或許實質上早已中斷。中國政府對外表示，六成以上的勞工都已回到工作崗位、許多企業已重新復工，這種說法顯然是謊言。目前，在中國進行最後組裝的蘋果公司，有一萬兩千名美國員工都被要求必須居家辦公。

統計數據顯示，中國一月至二月的出口量減少一七％。美國對中國的貿易赤字自動的減少了八％。

還記得嗎？中國是極權國家

捷克前總統哈維爾（Václav Havel）以起草東歐人權運動《七七憲章》聞名。他曾在書中提及：「中國，『就是這樣的國家』。

「極權制度觸及到個人生活的每個角落，虛偽與謊言充斥著社會。官僚政府被稱為人民政府，勞工階級在勞工當家的名目下被奴役；把喪失個人地位，說成是人類的最終解放；剝奪人民取得新聞的管道，卻稱為保障人民的新聞管道。利用權勢操作人民，卻說是人民掌握權力，把濫用職權、專橫跋扈的態度視為實行法治。還有，壓制文化說成是發展文化，毫無言論自由就是最高的言論自由，選舉鬧劇是最至高無上的民主，禁止獨立思考是最科學的世界觀。

「當權者自己成了謊言的俘虜，就不得不把一切顛倒是非。他們篡改歷史，歪曲現實，虛構未來。他們捏造統計資料，如同無孔不入又無法無天的警察機器，佯裝不迫害任何人，假裝什麼都不怕，裝作從不詐騙虛假。」（《無權力者的權力》〔*The Power of the Powerless*〕，哈維爾著，左岸文化出版。）

換句話說，事情是這樣子的。

中國利用監視攝影機和告密制度來監控人民；用謊言壟斷、支配媒體來操作資訊；不斷宣導全國人民代表大會是代表國民的決議機構，卻不討論議題；長時間的報告，卻不允許反對意見；制訂法律，只對特權階級有利；撒謊革命主體是農民，卻把他們當成奴隸、嚴厲使喚；貶抑不順從黨的知識分子和學生，打倒這些人，再故意做出判決殺雞儆猴，以便隱瞞所有資訊。總之，中國情報機構所做的一切，都是政治宣傳。

極力宣傳負責鎮壓示威遊行、壓制集會活動的人民武裝警察部隊，具有維持治安的崇高任務。不培養說真話的智者，不讓他們投票，竟成了民意的展現。如此一再編織謊言，結果最後沒人知道真相。沒有人知道實際的 GDP 成長率、負債總額或銀行的財務狀況、國營企業的實際經營情形。謊言必須由另一個謊來圓謊，最後成了「謊言製造機」，一旦依照假的經濟數據制訂未來計畫，那麼打從規畫之初，未來就註定一片黑暗，卻仍大膽果斷的試圖達成指標，眼看經濟局勢終究出現破裂局面，卻還持續上演天大的騙局。這種行徑真是自掘墳墓。

即使如此，中國人還變化出另一種面貌。

最近，日本作家西牟田靖把實地採訪中國各地的經驗，編寫成《走在「暴衝」成長的中國》（暫譯，EAST PRESS 出版）一書。書中提到他自己時隔三十年後，再度探訪中國，感覺好像「到了完全不一樣的國家」。

令人驚訝的是，造成嚴重交通阻塞的不是自行車，而是汽車；物價上漲的幅度也很驚人（新冠肺炎發生之前）。在短短三十年間，經濟成長得如此快速，整個中國都是高樓大廈，不動產價格比日本還高，購物可以用智慧型手機行動支付，街道上有無人便利商店，然而進駐中國的日本超市卻門可羅雀，因為可以利用 Uber 的服務，想買的東西都可以送到家。行動支付迅速普及的原因之一，是因為偽鈔太多。另一項原因是，一般民眾過去如果沒有銀行帳號，也因此而不必在銀行開戶了。轉眼間，中國高鐵的營業里程數已經是日本的十倍。二〇一一年七月，在溫州的高鐵追撞事件之後，竟然直接在地上挖了個大坑，想掩埋發生事故的列車。

思及此處，心底理所當然會湧現一個簡單的疑問：「人民幸福嗎？」

天津經濟技術開發區號稱「中國曼哈頓」，曾在二〇一五年八月十二日發生大爆炸的事故。我也探訪了天津爆炸事故現場，現場被封鎖線包圍，高樓大廈裡毫無人跡。

正因為中國是極權獨裁國家，所以能在金錢、不動產、飲食、資訊科技、種族差異上急速變化發展。但是在這裡，我感受不到政府對於人民安全的照顧。

我走遍全中國各個角落。七年前，我到北韓邊界做第三次採訪之後，就沒興趣到中國旅行了。無人的曠野上建了高樓大廈，但只是造了座空盪盪的鬼城，到哪裡都能見到同樣的風景。再這樣下去，我估計中國的經濟也許會崩壞。對於中國人，我從過去不顧一切的狂熱、期待有意外發現的僥倖心理中清醒過來，再也不覺得採訪中國人是有趣的事了。以前看到人們充滿活力，總覺得很有意思。但現在的中國，充滿了炫目的高樓，卻反而失去了讓人興奮狂熱的元素。

一九八四年大宅壯一寫實文學獎作家西倉一喜，在著作《中國・草根族》（暫譯，MEKONG出版）中，敘述民眾家中只有一條長褲、腳踏車還十分珍貴的時代，他行在走中國貧困底層社會，生動描寫當時中國的現實生活，獲得審查委員開高健的好評。

現代中國滿是摩天大樓，某種程度上代表著一種悲涼和殘酷的氛圍。

中國的親密盟友——柬埔寨，也是一個獨裁和管控資訊的國家。柬埔寨的神祕酷似北韓，國內發生的任何事情，都不是透明公開的。

柬埔寨的政治，表面上佯裝是君主立憲國家，但實質上跟中國一樣，是獨裁體制、議會中一黨統治，沒有言論自由，反對派領袖已逃亡到泰國或是其他國家。九九・九%的媒體，是由總理洪森支配。

洪森竟大膽的讓疑似載有新冠病毒感染者的郵輪，停靠在西哈努克港（Sihanoukville），並讓部分乘客乘坐直升機到國際機場，以便他們盡快回到自己的故鄉。三月十七日對外公布有十二人確診，第二天增倍為二十四人，但是，根本沒有人相信政府公布的數據。

柬埔寨的經濟是藉由中國的紅色資金建立起來的，也成為洪森政府獨享的最大利益。柬埔寨國內有許多寫著中文招牌的公立學校，豪華公寓全都是華僑投資的。華僑居住的公寓二十四小時有警衛看守，中國旅客住在豪華飯店，過著優雅的生活。附帶一提，日本集團投資的飯店「東橫INN」，周邊就有個中國城。

洪森在二〇二〇年二月也曾到訪中國，與共產黨的幹部們緊握雙手，接納多國拒絕停靠的郵輪靠岸，並與船上乘客握手，刻意對外展現政治上的表演。其後，洪森立即祕密前往新加坡的醫院，接受新冠肺炎的篩檢。

柬埔寨的富裕階級會前往新加坡或日本的醫院。中產階級則去越南的醫院，越南共產黨幹部則會去日本的醫療機構。這是因為柬埔寨的醫療設備很簡陋，加上公共醫療機構少，醫師人數不足。不過最大的原因，還是因為紅色高棉（Khmer Rouge）大屠殺時，許多醫生慘遭殺害所導致。

洪森並未公開檢查結果，在首都金邊，也曾出現傳聞表示洪森已確診新冠肺炎。無論如何，許多郵輪乘客原本呈現「陰性」，返國立即接受檢查後，才確認為「陽性」。就結果而論，柬埔寨在獨裁政治及資訊隱匿的背景下，將致命病毒傳播至亞洲各國。

新冠疫情讓世人更了解情報戰的伎倆

「情報」在日文裡單指資訊，但中文的「情報」也表示諜報、祕密情報。中國的諜報，是由祕密結社發展出來的。在中國史上，地緣血緣濃厚、緊密結合的團體，往往成為革命的主角。

即便是毛澤東率領的中國共產黨，原本也是祕密結社。祕密結社，原本是指好友交杯，甚至歃血為盟、結為兄弟，成群結義的組織象徵，這樣的組織網絡甚至擴及世界各地。客家人中以孫文、鄧小平、李登輝、李光耀等人較為知名，而活躍海外的華僑人士，大都也是客家人。不過，客家組織網絡細分化後，經常在世界各地的中國城，發生像黑道幫派那樣的慘烈流血惡鬥。舊金山華僑群聚的流血爭鬥，也曾拍成電影。

這種祕密結黨的組織網絡與宗族結合，正是中國社會的特質，也是他們人格特質的核心。或許可以說，如果沒有祕密結社暗中活躍，就沒有中國史。

祕密結社最早發生在西元一八四年的黃巾之亂。因為在那之前，文字通常寫在木簡、竹簡或者絲絹上，並不依賴以耳傳耳、以人傳人的祕密連絡管道。

從孔子時代開始，知識分子才逐漸普及推廣文字。但是，當時除了特權階級和知識分子以外，其他人都不識字，而且文字尚未統一。秦始皇焚書的舉動，目的就是為了統一文字，在焚毀其他國家的字之後，才終於達到這個目標。

中國到了二世紀，紙張才逐漸普及；八世紀時，由於紙張價格降低，在一般民眾間更為常見。因此，到了東漢末年，才開始利用紙張書信傳播思想、取得連絡。由於祕密結社的基礎必須建構連絡網、共享思想，紙張的發明便促成了祕密結社。

中國人信任的是家族血脈的「血緣」，以及重視同鄉出身的「地緣」。祕密結社擬似血緣關係，而且到了現代，也還有信任同鄉的傳統。雖說都是中國城，但歐美各地的中國城，也會依照出生地不同來區分。例如，在緬甸首都仰光，就有區分不同出身地的會館和宗廟，緬甸第二大城曼德勒也有區別「雲南省各地的會館」。（請參閱筆者拙作《從出身地了解中國人》〔暫譯〕，PHP新書）。

我想，或許有讀者是因為這次新冠肺炎的疫情，才察覺中國情報戰的陰謀。對中國共產黨獨裁政體來說，「事實真相不重要，這是情報戰，事實不過是道具。能依照自己需要去利用，只要自己方便，都可以扭曲、隱瞞、說謊。」（麥克爾・嚴〔Michael Yon〕《情報戰的真相》〔暫譯〕，育鵬社出版）。

情報戰場也轉移到網路上的維基百科，其中許多資訊被胡亂篡改，甚至把假訊息當成事實來寫。

前面提到的麥克爾・嚴，過去曾在美國陸軍特種部隊服役，如今是一位知名戰地記者，曾去過七十五個國家，也是個攝影角度獨特的攝影師。他強調：「中國散布著各種資訊類型的『病毒』。知識是避免感染的防護設備。知識才是保護自己和社區的防護口罩。」請各位讀者不要忘了他對日本的警告：「雖然日本是世界最寬宏、最美好的國家之一，但是不擅長情報戰，這一點跟西藏人沒什麼不同。」

自美國總統尼克森（Richard Nixon）執政以來，美國對外交的基本思維，是發展和維持前國務卿季辛吉（Henry Kissinger）式的秩序，政治目標在於維持現狀。像這樣難以認同國家邊境關係變化的「均勢理論」（The balance of power）外交戰略，在美國前總統歐巴馬執掌政權之後，就開始崩解。

中國經過四十年的改革開放，奇蹟似的崛起，成為美國在軍事上的威脅，於是大家都普遍了解到季辛吉的錯誤。尼克森眼見中國快速發展，曾後悔的表示：「我們造就了中國這隻可怕的科學怪人（Frankenstein）」。

中東大混亂和亞洲的動盪也與此相關。也就是說，從亞洲、中東到非洲各國，並不存在西方國家所描繪的「秩序」，中國是混沌的支配者，它可能在政治、軍事上帶來激烈的「地殼變動」。

數位時代的「老大哥」，在中國

仔細觀察中國的狀況，便可以了解到以下的現實慘況。

第一，中國社會問題變得更嚴重。俯瞰整個中國社會，只有共產黨幹部與其家人過著富裕的生活，顯示出貧富之間懸殊差距。「永久的不平等」，讓社會一般民眾心中的不滿日益累積，且無從抒發心中的怨氣。經濟不景氣，使得離鄉背井到都市的流民，也失去了工地的工作，變得更窮困。貧富差距的結構就這樣固定成形。

不僅是國有企業，軍人、警察也有嚴重的失業問題。中國各地都可以經常看到激烈的勞資爭議。而這些社會「底層階級」的悲哀，讓人感到難以言喻的悲慘。從二〇一八年七月開始，深圳常發生勞資爭議，北京大學和清華大學學生也前往聲援勞工。學生之所以能夠前往路途遙遠的工業區，代表背後有團體支援他們。

即便如此，共產黨幹部仍不關心人民的幸福和福祉，一味追求自身利益，在海外置產，開設祕密帳戶隱藏資金。我不明白，為什麼這些幹部非法累積財富，還堅決主張自己是「愛國者」。這些事或許都會引起核爆般的大爆炸，導致民眾反抗。「革命，革革命，革革革命」（出自魯迅《小雜感》）的歷史，將再度重演。

第二，中國外交難題從未解決，卻處處呈現明顯的矛盾。

中國以軍事力量和雄厚的外匯存底為背景，逼迫其他國家與臺灣斷交，以強硬的外交方式試圖擴大中華圈，與各國產生摩擦。習近平提出「一帶一路」的宏偉目標，也就是絲綢之路經濟帶與各國區域經濟合作的提案，在世界各地受到了阻礙。

例如在美國、委內瑞拉、印尼、馬來西亞的高速鐵路建設工程中斷甚至中止。寮國、泰國、巴基斯坦等國進行到一半的建設也突然喊停，尼加拉瓜運河建設中止等，類似的例子不勝枚舉。美國、英國和法國海軍為了更加戒備中國，在南海展開「航行自由作戰」任務。印度和澳洲也正式加入「印度太平洋戰略」，美國的主導立場既明顯又大膽，形成一帶一路的末路。

二〇一八年八月，馬來西亞（當時）的首相馬哈迪（Mahathir Mohamad）正式表明，暫停中國主導的一帶一路建設計畫（東海岸銜接鐵道，以及從婆羅洲鋪設瓦斯管線）。接著，中國開發商在馬來西亞開發、銷售的森林城市（FOREST CITY）計畫，也開始禁止外國人來投資，而且不提供投資移民簽證。原本親中派的馬哈迪，突然宣布暫停與中國的一帶一路計畫，對周邊的東協各國與全世界造成衝擊。

第三，中國的內政問題開始出現矛盾。

中國運用數位設備，幾近完成監控人民的系統，但同時也出現人工智慧極權體制的弱點。日本的產業界普遍認為，開發人工智慧的主要目的是追求和平、經濟效率、提高生活品質。然而，中國一開始的目標，就只是為了軍事用途。

此外在日本，拋出的議題是「活用人工智慧技術，今後能讓哪些職種更省事？」也就是說，在人工智慧技術的開發上，並沒有明白區分哪些產業領域需要或不需要。日本政府提出的《經濟財政白皮書二〇一八》，在內容上也相當含糊，未來前景不明。白皮書記載了「會計、財務、稅務」，以及「製作固定格式的文書」、「勞務管理相關」、「製造組裝」、「企業法務」等概括性概念，但並未釐清職業區別，容易造成混淆。

具體來說，就像過去金融科技使得金融從業人員數減半一樣，隨著人工智慧的時代到來，人工智慧將處理以往會計師事務所、稅務會計師等格式固定的文書作業。這些人不需要再處理文件，而是負責宏觀性的職務內容。公務員、政府機構是固定工作的典型代表。

此外，白皮書中雖然沒有明言，但最不需要的職業其實是法官。因為利用人工智慧調查過去的判例，就能夠處理大部分的裁決。審判的重點，反而可能要放在涉及意識形態的案例上。日本政府機構的職務，就像在平靜的微溫浴池裡泡湯一樣，形同「政府機構規章」一般的存在，或許只有這個公務員天堂將維持一成不變吧。當美國正著眼於網軍帶來的威脅時，日本著實相當悠哉。

中國開發人工智慧，則是打算運用在其他目的。

中國當局對維吾爾自治區進行殘忍的種族清洗、身分再教育，加強對穆斯林的迫害手段，令人毛骨悚然。對於這些忽視人權，辨識臉部、聲紋的數位監控，國際批評甚囂塵上。而且，香港特別行政區的年輕人展開獨立運動（按：部分香港抗爭人士的主張），加強與臺灣、西藏、南蒙古（內蒙古自治區）的連結。中國的極權統治體制已明顯出現裂痕。

但是中國面對這些危機，為了加強警戒，便開始掀起戰爭，企圖掩蓋這些矛盾。

在美國，警告必須提防「網路珍珠港危機」（Cyber Pearl Harbor）的聲浪也越來越強。這原本是美國國防部（五角大廈）提出的警告。數位科技連結了全球政治的連絡網、市場、新聞報導現場，並且已經亮起了警戒的紅燈。如果數位網路的一擊，癱瘓了全世界的通訊及市場，美軍一旦錯過開始行動的時機，就會提高中國趁機攻擊臺灣、釣魚臺的風險。中國曾以「升龍之勢」高速成長，令全球各地的投資人刮目相看，並把經濟成長帶來的財富，全數投注在強化軍事力量，絲毫不關心現代國家應追求社會福祉、醫療、教育等行政方面的進步，一心一意要富國強兵。但這樣的中國，現在似乎要從「龍」降格成「貓」了。

小熊維尼的外型跟習近平相似，因此在中國，如果在網路上出現用小熊維尼諷刺的漫畫和影片，就會立即被刪除。極權國家不容許揶揄國家元首。無論是在史達林或毛澤東的獨裁政權下，如果批判國家的最高獨裁者，就會被送去強制勞改營，甚至判死刑。中國文革時，曾經有個老婆婆，用印有毛澤東照片的報紙包地瓜，就遭到了槍殺。

在中國的社群網路上，不會出現不符合中國共產黨利益的意見和影片。「中國的小熊維尼」（習近平），同時也是赤裸裸的「國王的新衣」。

不管怎麼說，中國就是這樣的國家，連在推特貼文讚美日本，就會遭到逮捕。二〇一八年八月，有一個十八歲學生在「微博」寫了讚美日本的內容，就被安徽省馬鞍山市公安局以「嚴重傷害中華民族感情」等荒謬理由拘禁。

索尼（SONY）的影像技術及尼康（Nikon）的鏡頭技術，被運用在美國巡弋飛彈的監控設備上。加上數位相機在十五年前左右上市，口袋大小的相機就擁有兩千萬以上的畫素。現在的智慧型手機，也能拍出高像素密度的照片。

中國不僅運用精密圖像技術提升飛彈的精準度，也用來作為鎮壓人民的工具。整個中國到處都有監控攝影機，能夠清楚辨識行人的臉部特徵。

歐美先進國家主張保護個人隱私之類的說法，對他們而言像是在說夢話。中國竊聽電話的技術，透過聲紋辨識，已經可以知道誰在和誰聊天。靈活運用智慧型手機、功能型手機，或是筆記型電腦的全球衛星定位系統（ＧＰＳ），就能夠掌握特定人物的所在地點。

告密制度、監視制度已經進入數位化的時代。中國已成為數位環境的老大哥，君臨天下。所謂老大哥，是指喬治・歐威爾（George Orwell）在著作《一九八四》中出現的極權統治者，國民則是奴隸。

美國抗日是蘇聯煽動，而中國正在模仿

近年來，前蘇聯密碼遭到破解，史達林的陰謀已經獲得證實。

間諜密碼的解讀作業，一直持續到一九八〇年，並在一九九五年公開。作家約翰・厄爾・海因斯（John Earl Haynes）和哈維克・萊爾（Harvey Klehr）在合著的《Venona 破解蘇聯密碼和間諜活動》（*Venona: Decoding Soviet Espionage in America*，中西輝政監譯，ＰＨＰ研究所出版）中，記載了詳細的內容。透過公開這份機密文件，揭開了現代史之謎，尤其是西方與極權主義的對立與熾熱的謀略工作、陰暗詭譎的間諜活動。英國和美國也出版許多研究書籍，一時蔚為話題，日本近代歷史學家們卻對這些視而不見。但正是這類左派學者完全不願接觸的內容，才能為日本的歷史論壇帶來衝擊與震撼。

蘇聯解體後，公開了許多蘇聯時代的機密文件，其中包含日本及蘇聯在遠東發生的諾門罕戰役，真相陸續大白，讓壟斷戰後歷史政壇的左派學者及新聞工作者嚇破了膽。

名為「維諾那」（Venona）的大批機密文件，與最近的「巴拿馬文件」（Panama papers）和「天堂文件」（Paradise papers）迥異，它是直接與國家安全相關的機密寶庫。畢竟當時美國總統羅斯福政府，受到蘇聯諜報活動操控。加上羅斯福總統的親信勞克林·居里（Lauchlin Currie）曾經妨礙並下令停止破解密碼作業，而這項破解作業從戰爭時就已經開始著手。身為總統行政助理的居里，確實是蘇聯指派的間諜。

這兩位作者在書中提到，在過程中歷經許多苦難，才終於找到機密文件。戰爭時，也依舊持續破解密碼的作業。當時，美國諜報機構優先破解德國「恩尼格碼密碼機」（Enigma）與日軍的密碼，但破解蘇聯密碼的進度反倒稍微後來居上。英國情報機構方面則領先一步。維諾那文件的內容相當具有衝擊性，美國遂封存了這份機密文件，自一九九五年之後才公開。密碼的設定技術堪稱複雜無比。然而另一方面，蘇聯國家安全委員會（ＫＧＢ）命名暱稱的方式，反倒是直覺式、容易聯想的，這點從檔案的封面名稱也可略窺一斑。

例如，「對我們來說宛如仇敵的托洛斯基主義者以及猶太復國主義者，會取綽號如『鼠狼』和『老鼠』，表示極度反感輕蔑」、「聯邦調查局（ＦＢＩ）是鄉村小屋，美國首都華盛頓是迦太基（Carthage）」等。還有「蘇聯要選擇密碼通訊文的封面名稱時，經常輕忽安全性，這對美國反間諜機構是有利的」。

美國共產黨與蘇聯建立了密切的連絡網，並滲透到新聞、廣播。《時代》雜誌有間諜，各大新聞記者的祕書裡也有間諜，間諜工作甚至在美國好萊塢展開。這些間諜活動內容，都記載了實際名稱和暗號名稱，可以了解蘇聯如何關注宣傳以及情報宣傳戰。觀察現在中國共產黨滲透日本媒體的情形，也能清楚他們背地裡的活動，但由於日本沒有防諜法，幾乎有大半情報工作是公然進行的。

美國左派人士指稱，維諾那是個「偽造文件」或者說是陰謀，而打算將其消除。但是，依照維諾那內容，羅斯福政權核心裡面，約有兩百人是蘇聯間諜，並清楚知道其中一百人的實際名字。

這份機密文件的次要成果在於，能夠特定找出英國、澳洲、加拿大的蘇聯間諜。蘇聯主張，在「卡廷森林」處決兩萬兩千名波蘭軍官等所釀成的大屠殺事件，是德國納粹所為。但維諾那文件也能佐證，這是當年史達林下的命令，也是蘇聯軍的所作所為。問題是，這不僅代表間諜在美國活動的實際證據，它或許也成了盟軍占領日本的政策和憲法問題背後的影響要素。

根據江崎道朗的著作《日本外務省所知的蘇聯對美工作》（暫譯，育鵬社出版），日本在戰前有很卓越的諜報活動。

蘇聯以共產國際為主軸，操縱美國共產黨，讓當時的美國好萊塢和媒體在勞工組織、教會等煽動反日輿論，其中也有不少知識分子加入。這是共產國際為使美國對日本發動戰爭的計謀。在最近的研究中，也揭露當時南京所有的美國人都是教會的傳教士，也曾是反日政治宣傳的幫凶。他們沒有目擊任何人遭到虐殺。但為了在美國醞釀反日輿論，就持續傳播假消息，個個都戴上了假面具。

日本外務省知道，蘇聯在美國展開諜報工作的事實與其目的。一九四一年，日本外務省美國局（按：之後改組為北美局）製作了一份極機密文件，也就是《美國共產黨調查書》，並由紐約總領事若杉要主導。

現在中國模仿並凌駕於蘇聯，在美國展開工作。他們在日本的行徑眾所皆知，讓代理人滲透到美國好萊塢、大眾媒體、大學與智庫，在美國政治檯面下形成反日輿論。

二〇一六年，在美國的熱血房地產王，投入憂國熱情和個人錢財，賭上剩餘人生，投身在這隨時會翻覆的危險狀況。

二〇一七年十一月七日，川普在俄國十月革命一百週年時，悼念共產主義下犧牲的受害者，並且發表演說：「在此讚頌世界各地為擴展自由與機會而戰的人們、他們不屈的精神。美國為了這些殷切盼望更光明、自由的未來的人們，再次表明堅定意志、讓自由的光輝再度耀眼。」

索羅斯痛恨習近平，但日本好像還未看清

相反的，日本現在的情報能力相當不足。

日本政府機構和企業、大學、專家智庫的資料庫遭到駭客攻擊，大量資料被竊取。攻擊部隊就來自中國。

日本江戶時代（按：西元一六〇三年至一八六八年）設有負責蒐集情報的人，稱為「公儀隱密」。在江戶時代之前的戰國武將，都有優秀的諜報能力。

努力蒐集、分析和評估情報的寶貴成果，直接反映在這些戰國武將獲得的領地，並有利於交易活動。提供資金和資源給這些人才後獲得的結果，卻被敵人輕易盜取。因此，無論是政府或企業，都應該嚴格管理重要的情報，結果接收到的情報也有限度。之後，日本情報機構只好獨自蒐集。

根據二〇二〇年一月二十日的報導，三菱電機發生八千一百人的人事資料外流事件（三菱原本表示，被竊取的資料中不包含國防技術，之後卻更正說包含國防機密情報）。

恩益禧（NEC）發表：「到二〇一八年為止的數年間，曾經遭到可能來自中國的海外組織大規模的網路攻擊，包含海上自衛隊的潛水艇裝備資訊，恐怕已經有約兩萬八千筆檔案

外流。」（共同通信社，一月三十一日）。

這些終究只是冰山一角。另一方面，如同日本企業軟銀（SoftBank）的前員工，因疑似為蘇聯間諜而遭到逮捕的事件一樣，現代的「資訊戰」已經進入科技爭奪戰。現在，英國和美國面對中國的威脅，也承認與日本共享資訊的重要。所謂的外交，基本上要由軍事力和情報能力兩者相輔相成。或許我們該以寓言《兔子的耳朵為什麼那麼長》（按：小兔子為避免被欺負，依照與神的約定，取了三隻動物的皮，希望神幫牠實現願望；神為了不讓聰慧的兔子變大進而欺負其他動物，只讓牠耳朵變長）作為教訓。

喬治・索羅斯身為世界第一的投資家，背地裡卻是「反川普」的急先鋒、挺民主黨的自由（liberal）派，大家也都知道他提供了高額政治獻金。

但索羅斯也很重視情報。

因為如此，一旦涉及中國問題，喬治・索羅斯就會支持川普的中國政策。不，他甚至擺出遠甚於川普的反中國共產黨姿態，臭罵中國國家主席習近平。也就是說，索羅斯把中國共產黨視為納粹，甚至是比納粹還惡劣的極權主義。

二〇一八年，索羅斯在世界經濟論壇上，開始激烈批評中國共產黨打壓維吾爾族、反人道主義、忽視人權的壓制措施和歧視待遇，在強制收容中心嚴刑拷問和實施洗腦教育，他對於中國這種令人驚恐的做法怒不可遏，並大肆批判。

索羅斯是生於匈牙利的猶太人，為遠離納粹大屠殺的不安，移居英國，並從證券公司送信人員做起。不久，他學會投資訣竅後，開發獨創的投資理論而成為富豪。索羅斯的思想基礎，是奧地利經濟學者弗瑞德瑞希・海耶克（Friedrich Hayek）的經濟思想。全世界仰慕索羅斯投資家名聲的有錢人，把資產存在索羅斯旗下的「量子基金」（Quantum Fund）。它往年維持獲利年利率二四％的業績，連全球知名投資家巴菲特（Warren E. Buffett）都很驚訝。過去負責這個基金運作的是索羅門的左右手——吉姆・羅傑斯（Jim Rogers）。

喬治・索羅斯最近也開始批評中國共產黨，主張歐盟現在對中國的認識仍太過粗淺，這是十分危險的。尤其德國等的5G網路建設決定與華為合作，簡直是根本性的錯誤。「歐盟應該協助通訊廠商愛立信和諾基亞，成為足以對抗華為的有力企業。」

「（歐美）如果不質疑中國政府打壓宗教，或者未確立尊重香港人權的現狀，就是送給習近平政治上的勝利。」相較於索羅斯的態度，有些日本人愚蠢得令人汗顏，而且他竟是擔任中國大使的人物。丹羽宇一郎（日本商社伊藤忠商事的前董事長）擔任中國大使時，我經常往返北京，他在大使館體系的大使當中，評價幾乎墊底。任命他擔任中國大使的，是親中派政治家岡田克也。當時綽號外星人的日本總理鳩山，不知道哪裡搞錯，在岡田擔任外務大臣之後，日本對中國態度的偏差行徑，開始變得更嚴重。

大高未貴在著作《貶低日本——「反日謝罪男與虛偽媒體」的真面目》（暫譯，WAC

出版）中就這麼寫到。

丹羽一直戴著日中友好協會會長的假面。大高未貴強烈痛批：「《習近平的大問題》（暫譯，丹羽宇一郎著），不就是跟大力讚揚文化大革命的《毛澤東語録》差不多的《習近平語錄》嗎？」再加上福田康夫等親中派，以及《朝日新聞》、《每日新聞》、NHK、共同通信社等一派胡言的媒體，將那些人的發言、行徑推向輿論的浪尖，讓人不禁想問：「你們這些人對中國伏地低頭，真的是日本的男子漢嗎？」

香港富豪排行大洗牌，李嘉誠不玩了

香港第一富豪李嘉誠，實際上已經逃離香港了。

昔日，李嘉誠由於害怕共產黨的流血鎮壓、殺戮和壓制政策，便決定休學，舉家從廣東省北部的潮州逃到香港。在父親去世之後，他年僅十二歲就成為家中的經濟支柱，不斷努力工作。香港有很多潮州料理，或許也是因為他的關係。

李嘉誠掌握在塑膠事業上的成就，轉而成為不動產開發商，趁當時香港剛好出現房地產需求的浪潮，一連串事業大獲成功。將近四十年，李嘉誠率領的長江實業與和記黃埔集團，甚至占有香港股市市值總額的三分之一。過去二十一年，李嘉誠一直穩坐香港首富的寶座。

江澤民時代，他判斷改革開放是玩真的，於是將據點擴展到北京，以稱作「香港模範」的事業，累積了更多財富。

到了習近平時代，這位香港首富李嘉誠，或許在本能上感受到危險，開始逐漸結束中國大陸的事業，首先賣掉堪稱北京銀座的王府井大廈，處分在大陸約一百一十億美元的資產。二〇一九年的中國投資項目，他與其他人共同出資，只負擔了八億美元。因為跟習近平完全合不來，因此雖然身為汕頭大學名譽校長，他從二〇一九年也開始不出席畢業典禮。

相反的，李嘉誠將投資目標，轉向以英國為中心的歐美市場。他把約七百億美元投資在能源、運輸等企業，並進而以不動產開發商的身分投資倫敦。對國外投資七百億美元，對另一邊的中國則投資八億美元。

比較投資額的差異，也可以清楚了解李嘉誠在想什麼吧。

連主要據點香港，李嘉誠也對當地的不動產投資失去興趣。其他競爭對手還大力推展大樓、購物中心的建設，他卻突然減少對香港不動產部門的投資，雖持續捐款回饋社會和捐助慈善團體，最終卻轉而投資不受中國共產黨控制和監視的其他國家。恆基兆業地產的李兆基取代李嘉誠，坐上香港首富寶座。李嘉誠的個人資產是兩百九十四億美元，李兆基是三百零四億美元（資產推算依據《富比士》於二〇二〇年二月六日公布的富豪排行榜）。

額外補充，我三十年前曾訪問過李兆基。我的印象是，他為人端正誠懇，都很直接、正面的回答我的提問。我記憶最深刻的是，當我問：「您不到日本發展嗎？」他回答：「我不認為在稅金那麼高的國家，可以做出像樣的事業。」

中國歷史，就是水災、乾旱、瘟疫、蝗害的循環

中國歷史上，瘟疫曾經好幾次讓王朝滅亡。疫情規模甚至改變了世界史。

黃文雄的著作《爆發新冠肺炎感染與中國的真相》（暫譯，德間書局出版）指出：「水災、乾旱、瘟疫、蝗害，這些災害的循環，造就了中國歷史。」

這裡指的自然是大洪水災害、旱災、疾病，尤其是傳染病大流行，加上二〇二〇年也曾迫在眉睫的大批蝗蟲災害。隋、唐、元、明、清等朝代，都因為這些災禍而崩毀、滅亡、或者加速了崩壞的到來。

日本的災害則是地震、颱風，偶爾發生火山爆發，以及較少見的饑荒，但跟中國相比，規模比較沒那麼嚴重（火山爆發導致滅亡的典型例子是，西元前七五〇〇年，鹿兒島上野原繩文聚落）。

在中國，饑荒也重複發生。所以人吃人肉，也愛吃野獸、果子狸、蝙蝠，什麼都能吃。

黃文雄指出，水災、乾旱、瘟疫、蝗害這四種災害，有週期性連環發生的傾向。

例如「發生水災之後，傳染病開始流行；發生乾旱，蝗蟲就會異常繁殖，為人們帶來災害」。這些原因都出自於「氣候異常和人類文明破壞了大自然」、「從西元前一七六六年到西元一九三七年為止的三千七百零三年間，水災、乾旱、蝗蟲災害、冰雹、颱風、地震、大雪等天災，共計有五千兩百五十八次」（摘錄自前述黃文雄著作）。

愛滋病的傳染也很類似，正好適合作為隱蔽資訊、造成重大災害的案例。二〇〇〇年河南省鼓勵民眾捐血，並且重複使用針頭。感染源不是來自性行為，是在向愛滋病患者抽血後，用同一個針頭，再抽取完全未感染者的血液。據中國當局公布，當時共有兩萬兩千五百一十七位民眾遭到感染。但是，「在二〇〇一年六月，中國衛生部部長，同時身為江澤民醫療顧問的張文康，在參加聯合國大會特別會議時首度宣布，中國可能潛伏有六十萬名愛滋病感染者。」（摘錄自前述的黃文雄著作）。

之後，聯合國懷疑中國的感染人數達百萬人，而非政府組織（ＮＧＯ）的專家團則發表可能高達一百二十萬人，河南省文樓村從此被冠上「愛滋病村」的惡名。

黃文雄在著作中又提到，水災、乾旱、瘟疫、蝗害的循環，有三種傾向：

第一、隨著時代演進，災害範圍會從局部地區擴大為全國。

第二、多種災害相互牽連，形成一再重複的惡性循環。

第三、每年的災害週期縮短。而且，受害狀況不見改善，反而更加嚴重。饑荒如果再繼續惡化下去，人們到最後很可能將互殺相食。

唉，中國人自己不也這麼說了：「來世寧願當猴子，也不願意再當中國人。」（根據二〇〇六年九月、中國入口網站「網易」的問卷調查，在一萬一千兩百七十一件回覆中，就有三分之二的人回答：「下輩子不願意再當中國人！」也有人回答：「即使變成豬，也不想再成為中國人。」）

第四章

經濟過度依賴中國的企業，目前都很慘

來日本觀光的中國人，對日本感到驚嘆的例子，可說是不勝枚舉。

首先，中國人對於日本美麗的自然環境，和能夠呼吸到乾淨清澈的空氣，感到十分驚訝。我想，因為是來自PM二・五的公害大國，所以即使到了東京和大阪，也會覺得空氣相當的乾淨吧。

不只是日本人的外表，風景和溫泉等所到之處都很整潔。無論走到哪裡，都清掃得非常乾淨，車站和公園的公共廁所不但一塵不染，還備有衛生紙，甚至每個水龍頭一打開，都有乾淨的水可用！

日本人不會在車站和地鐵內吸菸，乘車時也都規矩的排隊，中國旅客似乎都被這些高道德行為所感動。但來自上海和廣州的人，由於從小深受長幼有序的觀念影響，因此對於日本的年輕人不會讓座給年長者，反而感到相當吃驚。

自動販賣機在日本隨處可見，中國人也由此得知，這些機器在日本不會被破壞和竊取。日本全國共設有兩百四十萬臺自動販賣機，在建築工地的角落和公寓入口皆有裝設。此外在日本，還可以在同一臺自動販賣機中同時販售冷飲和熱飲，香菸自動販賣機可提供多種品牌的香菸，即使每樣商品價格不同，機器也能快速處理。反觀，中國的自動販賣機多半會在深夜遭到破壞，機器裡的零錢還會被偷走，因此只能裝設在人來人往的地點。

日本的警察也讓中國人很吃驚。在中國，警察是人民的「敵人」，他們壓迫民眾，被視為受權力操控的走狗；但日本的警察十分親切，總是站在善良老百姓這一邊。

日本人一般很善良、親切，不會因為對方是中國人而投以歧視、敵視或看不起的眼光。但中國人來到日本，經歷了一連串的敬佩與感嘆後，並不是模仿所見的道德觀念和行為，而是心想：「這個民族實在太好騙了。」並反過來利用善良的日本人。

藉著疫情趁機利用日本，要錢、要高科技

中國在武漢肺炎打擊下，陷入經濟危機，正絞盡腦汁思考下一步要如何利用日本，設法奪取日本的資金和技術，並繼續欺騙日本企業，將其留在中國。

日本的投資是中國經濟的命脈，習近平之所以如此堅持以國賓的身分訪日，正是因為看中日本的資金與技術。雖然大多數日本民眾都抱持反對的態度，但日本政府、外務省、財經界以及執政的自民黨多數人都對此持積極態度，組成聯盟的政黨甚至更積極，當時習近平訪日的可能性幾乎高達九九％。就某種意義上來說，這次習近平因武漢肺炎而推遲訪日，或許也可說是宛如過去的「神風」（按：元軍攻打日本時，因遭遇海上風暴而受挫，最後撤退，因此便以神風來稱呼）。因為中國的目標，就是強取來自日本的援助，毫無節制的借款，並竊取技術。

以下是日本外務省官網上所公布、過去援助中國的資料：

(1)有償資金援助（二〇〇七年停止日圓貸款）約三兆三千一百六十五億日圓。

(2)無償資金援助（二〇〇六年停止一般無償資金援助）約一千五百七十六億日圓

(3)技術援助實績（日本國際協力機構〔JICA〕實績）約一千八百四十億日圓。

（作者註：自一九七九年以來，日本實施對中國的政府開發援助〔ODA〕，作為中日關係的支柱之一，但鑑於中國的經濟發展和技術水準提升，日本認知到對華ODA已發揮了一定的作用，因此在十年前，日本停止提供作為對華ODA最主要部分的日圓貸款和一般無償資金援助。

此後，日本只針對會影響日本民眾生活的項目，包括跨境汙染和傳染病等，真正有合作需求的領域，提供中方技術協助，並僅對保障基層人民安全提供無償資金援助。特別是在技術合作方面，中日雙方以承擔合理費用的方式推進合作。

然而，前首相安倍於二〇一八年十月出訪中國時，宣布日本與中國為平等的夥伴，並體認到新時代已來臨，應共同為地區和國際社會作出貢獻，在日本終止對華ODA的同時，將共同促進中日雙方合作的新領域——其中包括發展領域的溝通和人才交流。

隨著該公告發布，日本將於二〇一八年起停止對華ＯＤＡ，所有已進行的多年期持續性項目，也將於二〇二一年末全面終止。日本認為過去提供的援助，已為中國經濟的穩定發展有所貢獻，且進而強力推動亞太地區的穩定，改善日本企業在中國的投資環境，並發展中日的民間經濟關係。）

以上都是來自日本政府的援助，其中當然不包括志工的無償捐贈與合作，慈善事業和地方政府捐贈的二手巴士等。

日本和中國之間的貨幣互換始於二〇〇二年，但其中中國爆發反日運動與入侵釣魚臺列嶼等事件，導致雙方關係惡化，並於二〇一三年中止了貨幣互換。

直到二〇一八年十月，前首相安倍訪問中國之前，中日雙方政府才在恢復「貨幣互換協議」（允許中日雙方中央銀行，在緊急情況下相互兌換貨幣）的前提下進行會談，其規模為三兆日圓，這是前一次協議金額的十倍。

此外，日本銀行提供中國的貸款總額，已達到八兆四千億日圓。

而日本民間企業在中國的投資又是另一個故事了。在服務業方面，永旺集團（Aeon）、優衣庫（Uniqlo）等企業都重點投資中國市場；銷售方面，資生堂等公司也在中國建立基地。

更早以前在中國投資的有松下電器（Panasonic）、大型綜合商社有伊藤忠與許多蜂擁而至的製造商。例如，當初豐田汽車進入中國投資時，大約有三百家至四百家相關的零件製造商、承包商、分包商，迫於無奈，只好像金魚糞一樣跟著前往中國。

「依賴中國的企業」下場慘

說到「依賴中國的企業」，首先想到的就是汽車。豐田、日產、本田在歐美也有大型工廠，而中國爆發的新冠肺炎疫情是全球性的災難，因此對他們也造成了嚴重的打擊。

在北美，也有七家工廠臨時關閉，而且印度的工廠還決定暫時停工，業界前景一片黑暗。不僅如此，豐田汽車在日本的五家工廠最後也暫停運轉。豐田旗下的大發工業（DAIHATSU）、日野汽車（HINO），與合作夥伴速霸陸汽車（SUBARU），一直以來都牽引著日本的經濟。

豐田最大的零件供應製造商——愛信精機（AISIN，世界最大的自動變速箱生產商）縮減了設備投資，雙葉產業（FUTABA，壓焊和製造車身）與曙煞車工業（AKEBONO BRAKE）也在縮減業務規模。

日產汽車在武漢擁有大型工廠和零件工廠，但這些工廠面臨長期停產。由於日本的主要零件工廠必須依賴中國進口，因此九州工廠也出現了連鎖性的停產。日產的供應商發爾特克（FALTEC）和理研（RIKEN）都在苦苦掙扎。

本田汽車也好景不常，由於決定撤出英國，因此最近的表現與二〇一九年的五百一十七萬輛的新車產量紀錄（全球銷量）相去甚遠，在機車方面表現亮眼的亞洲亦陷入了低迷。

本田的子公司禾豐技研（YUTAKA，生產驅動系統零件和排氣系統零件）也受到撤出英國的負面影響。

本田汽車在中國有三家工廠，不僅全面恢復營運的時程被推遲，其零件製造商京濱（KEIHIN）與三葉（MITSUBA，製造雨刷等零件）在武漢的兩家工廠停止生產，而且在中國的其他三個生產據點，同樣面臨訂單銳減的困境。

五十鈴汽車（ISUZU）和三菱汽車（MITSUBISHI）也受到龐大的打擊，加上他們在亞洲的銷量也不佳，重建需要花費一些時間。

相比之下，鈴木汽車（SUZUKI）早早就撤出中國，在印度獲得四〇％的市場占有率，並在古加拉特邦（按：印度最西邊的邦）設有工廠，在印度是知名度最高的汽機車製造商。

日本精工（ＮＳＫ）是日本最大的半導體和軸承製造商，這兩種產品在工業上不可或缺，但由於中國汽車產業的嚴重停滯，導致零件的供給逐漸減少。

安川電機（YASKAWA Electric）是現在需求量很大的工業用機器人製造商，但由於中國汽車產業委靡不振，半導體產業也遲遲無法復甦，因此也開始陷入衰退。

進駐武漢的日本企業有一百六十家，其中有許多是大型製造商。

在武漢肺炎的疫情中，有一家日本企業反而趁勢突起，那就是防塵、防毒面具製造商興研（KOKEN），其所生產的一次性口罩表現強勁，由於工廠位於泰國，股價還因此逆勢大幅上漲。生產工業用防毒面具的重松製作所（SHIGEMATSU）也生產一次性口罩，並代理銷售自給式正壓空氣呼吸器，不僅將業務拓展到中國，還擴展至歐美市場。

精密機械製造商理光（RICOH）也在廣東東莞建設新工廠，但這個時機點實在很不好。理光過去一段時間，曾在高科技辦公用品和多功能事務機方面取得突破性發展。然而，理光目前的業務卻委靡不振，對於未來的預測也不樂觀。精工愛普生（Seiko Epson）也正為噴墨印表機的激烈削價競爭，在中國市場陷入苦戰。

島津製作所（SHIMADZU）製造的量測儀器、醫療儀器以及生化技術，在亞洲表現亮眼，但在武漢肺炎爆發後出現推遲交貨的情況。田村製作所（Tamura）在中國擁有變壓器和反應器（reactor）的生產基地，其設備投資急遽下降，尤其中國交貨期延長，導致其庫存不斷增加，再加上物流停滯，因此需要一段時間才能恢復。

日本機械產業中，高度依賴中國的代表就是小松製作所（KOMATSU）。小松製作所是僅次於美國開拓重工（CATERPILLAR，簡稱CAT）、世界第二大的建築機械製造商。施工現場使用的工程機械、車輛的基本零件，都是在日本製造，並於當地組裝。目前中國的市場需求已經觸底，印尼的需求也尚未恢復，日本的基礎建設項目也相當稀少。同樣的，住友重工（Sumitomo）和日立建機（Hitachi）等企業，也被廉價的中國製產品壓制。但是，世界最大的移動式起重機製造商多田野（Tadano），在中國卻沒有任何生產基地。

精密機械領域受到的影響更大。

在武漢肺炎疫情爆發前，日本電產（Nidec）就因來自中國的訂單突然停止，而陷入困境。日本電產生產的精密小型馬達，從家用電器轉為製造用途，也看中了龐大的車載市場。但自二〇一九年秋季以來，也受到了中國經濟衰退的直接衝擊。

萬寶至馬達的產品全都在海外生產，該公司將工廠移交至大連和蘇州管理，現在在越南也設有工廠，是一家相當特殊的企業。萬寶至與中國關係密切，隨著汽車銷量減少，電動車窗等車載零件，也等比的呈現低空飛過的情況，股價更是只有巔峰時期的一半。

堀場製作所（HORIBA）將在上海建設半導體設備的新工廠。集中於京都的眾多高科技企業中，堀場製作所是獨立的體系，於檢查設備、分析儀器、發動機測量儀等領域中不斷成長。汽車的相關檢查設備，是廢氣排放管制的必需品；醫療相關的檢查儀器，則是面對新冠病毒疫情的必要設備。然而，美國對於半導體製造設備進入中國的情況，也提高了警戒。

村田製作所（Murata）由於生產電子零件、通信基地臺用的陶瓷電容器、5G的核心零件，因此其風險隨著華為的低迷而擴大。羅姆（ROHM）也因專門生產客製化的大型積體電路（LSI），而高度依賴中國。

DMG森精機製作所（DMG MORI）是世界聞名的NC車床和綜合加工機（machining center，簡稱MC）製造商，但由於全球經濟衰退，因此來自歐美航空業相關的訂單也隨之減少。

有些日本企業依賴中國的零件和外包生產，因供應鏈中斷而導致出貨延遲，任天堂（Nintendo）的遊戲機銷量就受到了影響。

瞄準中國消費市場的日本企業，日子自然不好過，資生堂、高絲（KOSE）的化妝品銷量也下降了。過去曾是中國訪日旅客必買的尼康單眼反光相機，現在也因為智慧型手機的畫素比數位相機更高、可以拍出更漂亮的照片。而導致銷量不振。

第一興商（DAIICHIKOSHO）是一家卡拉OK設備製造商，在中國隨處可見，經營卡拉OK館「Big Echo」等直營店，新機種的租賃狀況良好，受新冠肺炎疫情影響不大，但卻因市場氛圍而導致其股價下跌。眼鏡連鎖店「巴黎三城」（PARIS MIKI）的三城控股公司也在中國開設了連鎖店，但因連年虧損，導致店鋪數量減少，

新冠肺炎疫情發生後，和民（Watami）是最早決定撤出中國的公司。該公司還決定退出照護事業，雖然年長者的送餐到府服務，曾讓該公司一時獲得喘息空間，但中國的居酒屋熱潮已經結束，公司的虧損也日益擴大。日本的餐飲業也處於崩潰狀態，居酒屋和燒烤連鎖店可能需要一段時間才能恢復。

而薩莉亞（Saizeriya）則是太慢撤出中國，過去在上海、廣州、北京等地共開設了三百三十家分店，但在武漢肺炎疫情後，大多數分店都暫停營業，薩莉亞因此遭受相當大的打擊。

即使將設備賣給中國企業、撤出中國，中村超硬（Nakamura choukou）也陷入窘境，該公司以十七億日圓出售用於切割晶圓的鑽石線設備給中國工廠，但股價卻從最高點的七千八百二十日圓，直接跌至六百二十五日圓（二〇二〇年三月二十三日），甚至還有傳言稱中村超硬即將下市。

日本經濟自武漢肺炎疫情爆發後，陷入了嚴重的困境，要如何使經濟復甦，也考驗著日本人的智慧。

發展高科技？慢慢偷，比較快

日本有許多高科技可轉用於軍事用途。過去，美國曾對這項事實抱持警戒，但目前美國也轉而積極使用這些技術，例如索尼的錄音技術、三洋（SANYO）的電池、尼康的相機。日本的相機技術用於製造巡弋飛彈的電荷耦合元件（CCD），使其可以精確瞄準敵人的軍事目標，隱形戰機匿蹤技術的塗料，也是轉移自日本的技術。

二〇二〇年三月十一日，日本警視廳以涉嫌將噴霧乾燥設備「噴霧乾燥機」，非法出口到中國的罪名，逮捕了橫濱大川原化工機（OHKAWARA KAKOHKI）的三名高級主管。這種設備可轉用於製造生物武器。

噴霧乾燥機能將液體霧化，並迅速乾燥成粒子狀，被用來製造藥品和飛機引擎等產品。為避免違反《外匯及外國貿易法》（簡稱外為法），他們在發票（Invoice）上填寫虛假說明。在中國進口該設備的公司，是一家德國化工製造商，事後發現噴霧乾燥機被用於製造鋰離子電池。

中國在軍事上躍進的原動力，來自於竊取西方的高科技，透過偷竊他人的東西，來彌補自己創造力的不足。

為此，中國專門培養了一批產業間諜和駭客，並通過收買、賄賂、美人計等伎倆，挖角國外的優秀學者和工程師。中國特別以電池相關的技術人員、精密機械領域的工程師，以及半導體製造設備等領域中，防範意識較差的日本人為目標。事實上，許多日本工程師大叔在退休後，被中國高薪聘請。在有卡拉OK和居酒屋的中國城市，總是會見到日本技術人員的身影。

我在福州就經歷過，有一家居酒屋以日本人為目標客群，生意非常好，還能提供燒酎寄酒的服務，常客幾乎都是派駐當地的日本人。

當時有位關西大叔坐在我隔壁，他曾是大型電子製造商的職員。他自傲的說：「我每個月都會回日本一次，公司不但幫我出機票錢，薪水還和過去在日本擔任正職工作時一樣。公寓的租金也是由公司支付，所以我每晚都可以來這裡喝酒。」但在不知不覺中，這些人卻將技術移交給中國，這最終會像迴力鏢一樣，反彈傷及日本，威脅日本的國家安全。然而，他身為當事人，卻對此毫不在意。

中國的目標「中國製造二〇二五」中，列出了次世代的重點高科技，其戰略目標便是在「宇宙、網路空間、電磁波」等三個領域上，改變戰爭的局勢（可說是徹頭徹尾改變的技術性變革）。

例如，中國在人臉辨識技術上是世界第一，就可以利用這項技術來讓巡弋飛彈的目標物更精密、清晰。就像日本的相機技術用於飛彈的眼睛一樣，中國可以在日本人未察覺的情況下，將日本開發的高科技轉用於軍事用途，這就是中國最初的目的。

外交是建立於「軍事力」和「情報力」兩者之上。

二次世界大戰前的日本，有能力發展立基於國際常識的外交。從古代到中世紀、近代早期、現代，日本的領導人都具備基本的外交能力——穩健、勇敢、毫不卑躬屈膝的維護國家利益，武士道精神在其中發揮了重要作用。

列強發展的外交與日本外交上的決定性差異，是源自武士道倫理觀的美學意識。日本從一開始就會考量對方立場而讓步，即使發生戰爭，也不會想誅殺殆盡。這就是日本與歐美、中國和韓國的差別。

中國經濟正邁向死亡

根據《南華早報》報導（二〇二〇年三月十四日），外國企業對中國的直接投資，與二〇一九年同期相比，大幅減少了二五・六%。

其實，一月分外企對中國的直接投資是成長四%。竟然在這種艱難時期，仍有一家外企對中國懷抱夢想，並增加對中直接投資，那就是星巴克（Starbucks）。

星巴克在全球擴展分店，也於江蘇省昆山購買了大片土地，預計建設「星巴克中國咖啡創新產業園」（Starbucks China Coffee Innovation Park）。事實上，香港的星巴克幾乎都是由中國商人經營，過去都被視為是「紅店」（按：有中國背景或中共資本的商家機構）而遭到襲擊和破壞，但那段噩夢般的日子，看來早已被遺忘。

電動汽車製造商特斯拉，也在上海浦東購買了大片土地，建設電動汽車工廠，並在鋰電池等領域擴大投資開發。

另一方面，公司經營陷入困境的中國電動汽車製造商比亞迪（BYD），則獲得中國政府人民幣十三億四千萬元（按：約新臺幣五十六億兩千八百萬元）的補助，得到一時的緩解。

對於陷入美元短缺的中國，外國企業的直接投資是其生命線。實際上，外商的直接投資與對美貿易順差，彌補了中國外強中乾的外匯儲備（雖然中國表面誇稱持有三兆一千億美元的外匯存底，但其實中國每年都從外國銀行借款，和借新還舊七千億美元至八千億美元，此外，中國企業還發行美元計價的公司債）。

根據二〇一九年的初步報告，外商直接投資中國的總額為一千三百八十億美元，比前年度微增二・八%。豐田汽車等公司正在擴建工廠，鴻海精密工業也在廣州建設了最先進的半導體製造工廠。然而，鴻海的工廠雖然已經建成了，廠房卻沒有運作，處於荒廢狀態，並且有傳聞表示將出售給其他公司。其實，鴻海在美中貿易戰的影響和川普的施壓下，已經決定將其主要工廠遷至美國。

「中國的消費數據除了口罩和冷凍食品外，都相當嚴峻。一月至二月的數據與前年同期相比，下降八・二%，其中汽車銷量下降九二%（中國公布的數據為下降七九%）、智慧型手機下降三七%、汽油等銷量下降三六%。另一方面，中國企業以人民幣計價的公司債，與前年同期相比增加為兩倍。」（美國企業研究院〔AEI〕報告，二月二十八日）。

在新車銷量方面，豐田減少七〇%、日產減少八五%、本田減少八〇%。在當時的新聞畫面中可以看到，中國的街道上都沒有車子在行駛，加油站門可羅雀，超市也沒有顧客。

知名企業發行以美元計價的公司債債券，外資銀行額外附加至少二％的中國溢價（按：China premium，指看好中國的龐大潛在內需市場，而給予高於市場的價格），而房地產相關的利率則為一四％。

這一切都是為了償還美元債，其實公司債本質上就是一種債務。當債券到期，公司手頭又沒有足夠現金，就只能提高利率、借新債還舊債，或者是乾脆宣布破產。換句話說，當公司面臨現金短缺時，就只能全面發行公司債來補足，並不斷還債、再借錢，以維持經營。

即便為了刺激景氣而推出財政政策，但比較各國的緊急方案，也可以看出中國的規模大幅領先。中國為減免企業負擔的社會保險費用，投入了相當於十八兆日圓（按：約新臺幣四兆八千六百億元）的規模，但這樣做，想必會導致人民幣匯率暴跌吧。

美國提供中小企業低息貸款，和薪資稅減免等措施的規模，約為五兆兩千億日圓（為方便比較，因此均以日圓為單位）；英國則提供大約四兆日圓的規模，用於加強醫療體系等項目；歐盟在中小企業支援基金中，投入的規模約三兆日圓；義大利作為個人商店歇業的保障，投入了三兆日圓的規模；澳洲提供大約一兆兩千億日圓的資金，用於低收入者的現金補助；行動最慢的日本則規畫一兆六千億日圓，提供中小企業無利息、無擔保貸款。這種種財政措施的元凶，終究要歸咎於武漢肺炎。

但是，上述的臨時措施只有暫時的作用，許多經濟學家指出，這種一時的財政政策，僅具有「止痛藥」的效果。特別是對日本來說，它在所有已開發國家中表現最差、GDP為負七・一%（二〇一九年第四季度），日本如果想增加消費、振興股市、為經濟注入活力，就必須祭出強心針，也就是把消費稅歸零。將消費稅減半還不夠，而是要進行大刀闊斧的改革，澈底廢止消費稅。

由美國國家航空暨太空總署（NASA）和歐洲太空總署（ESA）所發布、間諜衛星從中國上空拍攝的照片，令人十分震驚。

他們記錄了從太空觀測到的中國PM二・五，包含廢氣、生產工廠排放的煙、汽車的廢氣。從二〇二〇年農曆新年前的一月十日至二十日，北京周邊、廣州、上海等地區人流密集，且交通繁忙，PM二・五觀測和平時相同（順帶一提，中國第一個新型冠狀病毒的死亡病例，出現於一月九日）。

而根據二月十日至二十五日、間諜衛星和氣象衛星的觀察顯示，中國全境幾乎沒有廢氣排放，全中國的汙染通通消失了！生產線停擺、人們都只能關在家、街上空無一人，也就難怪沒有任何汙染了！

對於羅馬帝國的衰弱，人們認為有許多原因，包括蠻族入侵、傭兵叛亂、文化衰退、農作物欠收等。「英國歷史學家伊恩・莫里斯（Ian Morris）和美國作家威廉・羅森（William Rosen）指出，因為羅馬與中國的貿易而傳播的天花和麻疹等疾病，可能是羅馬人口急遽減少的原因。」（新聞週刊〔*Newsweek*〕日文版，河東哲夫的專欄「『文明倒退』的腳步聲開始響起」〔暫譯〕，三月十日號。）

傳染病大流行據說是起源於西元前四二九年的斑疹傷寒，當時造成雅典一半的市民死亡。在十四世紀，以老鼠為宿主的鼠疫桿菌在歐洲蔓延，造成七千五百萬人死亡，這就是一般所謂的黑死病。

一八五二年的霍亂起源於印度，並蔓延至俄羅斯、中國，甚至傳到歐美國家，僅在倫敦就有超過一萬人喪生。近期則發生了嚴重急性呼吸道症候群（SARS）、伊波拉出血熱和武漢肺炎。馬雅和印加等文明的滅亡，也都是刻意帶入的瘟疫所導致。

洪水、乾旱、瘟疫和蝗災，加速了中國歷代王朝的衰敗。

櫻井良子（按：暫譯，櫻井よしこ）投稿給《產經新聞》，文章中提出了以下觀點：「無論是十四世紀建立的明朝，還是之後擊敗明朝、獲得歷史上最大領土的清朝，都是在天花和鼠疫大流行後崩潰的。」（三月二日）。

文明評論家黃文雄則毫不諱言的提出：「武漢肺炎是上天對共產黨的懲罰。」中國歷史上，瘟疫導致朝代衰亡，可從漢朝滅亡開始，在西元一七一年至一八五年間先後發生了五次瘟疫，最終迎來一八四年的「黃巾之亂」。漢朝的國力因此衰退，最終走向了滅亡。

從隋煬帝末期的六一〇年，至唐朝的六四八年，共發生了七次瘟疫，唐朝也因此漸漸走向衰亡。

元朝先後爆發了十一次傳染病（其中包含鼠疫）流行，白蓮教勢力迅速擴大，一三五一年發生紅巾之亂，元朝敗亡並撤退北方，最後由曾是白蓮教徒的朱元璋建立明朝（按：朱元璋曾加入紅巾軍，而紅巾軍的首領韓山童即是以白蓮教聚眾起義）。

然而明朝也遭受霍亂、鼠疫、天花的肆虐，造成約一千萬人喪生。到了清朝後，雖然一般的歷史解釋是朝廷腐敗和慈禧太后的專橫暴政引發叛亂，但其實背後卻有鼠疫等疾病的大流行。一八五一年發生洪秀全的「太平天國之亂」，有五千萬人在內亂中喪生，迅速削弱了國力，最終導致辛亥革命。

現在是共產黨的王朝，習近平的獨裁被宣傳為不可動搖的統治，但新冠病毒疫情的爆發，象徵著其政治生命步入衰退期，而這也是中國共產黨終結的開始。

隨著中國病毒的迅速傳播，中國城市也逐漸化為鬼城。都市毫無人煙，群眾人心惶惶，末日之說在大街小巷傳播開來。

供應鏈已經支離破碎

其中最致命的是供應鏈斷裂。零組件材料的供應跟不上，例如天馬微電子（TIANMA

MICROELECTRONICS）在武漢設有液晶顯示面板生產基地，由於外籍工程師歸國，導致生產線無法運作，甚至連搬運材料的卡車司機都不足。

中國的液晶顯示面板生產基地，包括北京、安徽省合肥、江蘇省南京、湖北省武漢、福建省廈門、廣東省深圳、重慶特別行政區、四川省成都、內蒙古自治區鄂爾多斯市等，主要參與的大型廠商包含上述的天馬微電子，以及接受政府大量補助的京東方科技集團（BOE）等公司，在全球的占有率為五七％。日本的日本顯示器公司（JDI）則於中國進行最終組裝。在東京奧運會（按：延至二〇二一年七月舉行）前夕，對大型電視的需求達到頂峰時，卻因為無法生產的關係，因而導致價格暴漲。

正如上一章提到的，豐田的中國工廠由於引擎停止進口，因此只有一條生產線在運作。相反的，日產則是因為在中國生產的零件停產，導致九州的兩個工廠停擺。這都是因為有三〇％的汽車零件，都得仰賴進軍中國的日本企業在中國生產。

供應鏈最大的風險就是，如果其中一部分的零件停止生產，那麼整個系統就會動彈不得。這次的災難就顯示出，系統僅依賴中國，風險會有多大。蘋果公司也因為零件調度不順，大幅下修了預期銷售量。

中國經濟的衰退日益加劇，尤其是對美出口急遽下降特別顯著。然而在新冠病毒災難發生之前，就有許多製造業逃離中國，「世界工廠」搖身一變，化為颳起冷冽寒風的荒野。

恐慌來襲，全世界都看到了北京的王府井大街和上海的南京路等地，人煙稀少的畫面。以日本來比喻，就像銀座街道上完全沒有行人的慘況一樣。

我聽一位北京的朋友說，儘管習近平高聲宣揚，中國已經成功擊潰新冠肺炎，但看著過去人滿為患的地鐵和公車，如今呈現空蕩蕩的景象，北京市民根本不相信習近平的說法。

習近平為什麼焦躁？

中國全國人民代表大會延期（按：後於二〇二〇年五月底召開），五中全會召開日未定（按：即中國共產黨第十九屆中央委員會第五次全體會議，後於二〇二〇年十月底召開），北京車展也幾乎被迫取消（按：延期至二〇二〇年九月底舉辦）。中國要面臨的下一個問題是，習近平的政治生命還能維持多久，已可預見中國未來權力結構的劇變。

中國共產黨中央政治局常務委員會位於中國權力的頂點，而其中的「七大常委」，在中國共產黨這個專制獨裁體制中，位於階級制度的最高層。

中國共產黨中央政治局常務委員會之下，設有二十五人組成的中央政治局（其中包含七大常委）。在政治局之下又有兩百名左右的中央委員，以及和中央委員人事大致相同的中央候補委員，但是中央委員會目前並未決定會議日程（成書當時）。「七大常委」由習近平、李克強、汪洋、栗戰書、王滬寧、趙樂際、韓正組成，但從派系上來看，只有栗戰書是習派。而王滬寧只是個代筆寫手的學者，並不屬於習派。趙樂際雖然過去被視為是習近平的人馬，但因其貪汙腐敗事件處理不當，與習近平也拉開了距離。

反習的李克強和汪洋出身共青團（中國共產主義青年團），江澤民派系的韓正也逐漸向其靠攏。也就是說，到頭來，習近平在七大常委中，並沒有自己的勢力。

習近平孤軍奮鬥，部屬表面服從、背後卻不一定聽話，又加上沒有夥伴願意為他赴湯蹈火，他的大位其實不穩固。習近平本來就沒有什麼政治魅力，是個存在感薄弱的政治人物。在福建省的十七年間一直沒有飛黃騰達，如果不是因為受到命運女神眷顧，他現在應該已經退休隱居了。

然而，習近平最大的競爭對手薄熙來，因夫人涉及英國人殺人事件（海伍德死亡案）而垮臺。其後，習近平借助王岐山強勢的反貪運動，鬥垮了徐才厚和郭伯雄（兩者均為軍隊高層，軍事委員會副主席），並將掌握全國公安的周永康送進監獄，讓軍方高層宣誓效忠，使習近平掌握了原先不受其控制的軍隊，並削弱江澤民派系的影響力。而對於已經利用殆盡的共青團，習近平更是表現出不屑一顧的態度。除此之外，習近平還延長了總書記、國家主席的任期，看來習近平的獨裁統治將永久延續下去。

然而，由於中國共產黨內逐漸形成一股批判習近平的暗潮，原定於二〇一八年秋季召開的四中全會被推遲一年。換句話說，中央委員會已經兩年未舉行會議，這是異常的狀況。二〇一九年的北戴河會議，眾多元老群起責問，習政權瀕臨垮臺，但因香港發生抗爭運動，讓共產黨決定團結、優先應對眼前危機，使習近平勉強保住了政治生命。

習近平的政治生命，在武漢肺炎的衝擊下，是否能藉由召開全國人大和五中全會而得以延續？

香港騷動之後，帶來了誰的苦難？

因為武漢肺炎爆發而「休戰」的事件之一，就是二〇一九年在香港全面蔓延的抗爭騷動。行政長官林鄭月娥支持率一度只有個位數（九％）、極不受市民歡迎，她不知道在打什麼算盤，向每一位市民發放一萬港幣，希望能藉此恢復消費，並實現GDP正成長（前一年是負一・二％）。

畢竟，來自中國的旅客大幅減少，知名品牌的銷量也跌至歷史最低點，包含普拉達（Prada）和路易威登（Louis Vuitton）等，諸多旗艦店都紛紛撤店。在澳門，賭場飯店關閉了兩個星期，雖然三月時恢復營運，但四月又再次停止營業。

在香港，汽油彈風波和上街遊行示威好不容易告一個段落，社會對經濟復甦抱持樂觀態度時，接著又遭受武漢肺炎的衝擊，香港的苦難接二連三到來。

李怡的著作《香港為何抗鬥》（日文版由坂井臣之助翻譯，草思社）描述了對抗極權主義的香港青年和知識分子，心中痛苦、煩惱的思緒。

北京政府雖然承諾「一國兩制」，但之後不僅沒有兌現承諾，還逐步收緊管制香港、打壓新聞自由、壓制言論，綁架反對的知識分子、書店老闆以及看不順眼的投資者，並且將他們送至中國受審、而非在香港審判。這種肆無忌憚的行徑，再加上之後港府提出的《逃犯條例》，香港市民終於忍無可忍、紛紛上街抗議。香港年輕人深知國際情勢，重視世界主義的價值觀，他們摒棄陳舊的華夷秩序（按：認為中國為世界中心）思想，不相信馬克思主義這種舊日的殘骸。

近日，「香港民族黨」明確表達香港獨立的主張，並揭起了獨立的大旗。

從二〇一九年六月至隔年的一月，香港的年輕人震撼了全世界，當許多西方媒體將其視為打擊中國共產黨這個邪惡至極的惡魔政權，追求民主主義的正義鬥爭並給予好評時，日本媒體卻因顧慮中國共產黨，而試圖用含糊的報導混淆視聽。

香港約有八千人被拘捕，其中有一七％被起訴。香港市民在目睹血腥凶殘的鎮壓後，對香港警方的信賴度瞬間跌落谷底。據李怡的說法，現在的香港警察評價極低，被喻為是「最沒有臉面、羞恥的工作」。

作者李怡在香港生活了七十年，同時也是資深的新聞工作者，曾擔任月刊《七十年代》（之後改名為《九十年代》）的總編輯長達二十八年，現在他也在《蘋果日報》上撰寫專欄，並連載辛辣評論，該報在全球的華語圈中受到廣泛閱讀，我在香港回歸前後，也是《九十年代》的狂熱讀者（按：《九十年代》於一九九八年停刊）。

香港抗爭中廣泛使用的口號為「光復香港，時代革命」。這是梁天琦（Edward Leung）在參加二〇一六年二月立法會補選時，首次使用的標語。

原本梁天琦準備的口號，是偏向陽明學的「知行合一，世代革新」，但中途他重新選擇了「光復香港，時代革命」這個更具衝擊力的句子。尊崇華夷秩序的團體，卻認為「光復香港」是隱喻香港獨立的口號，因而提出強烈批判。該口號在二〇一九年正式用於大規模示威抗議活動，黑底白字的旗幟在大學校園內四處飄揚。

美國對於香港的民主示威活動給予高度評價，並於二〇一九年十一月通過了《香港人權與民主法案》，由川普簽署。

專家矢板明夫（現為《產經新聞》臺北支局長）提出：「從法案要通過的那陣子開始，就完全買不到從北京飛往華盛頓的頭等艙機票。中國共產黨幹部的祕書等相關人士，紛紛飛往美國，爭相將老闆的資產移轉到海外。」（古森義久、矢板明夫《美中衝突下日本該駛向何方》〔暫譯〕，海龍社出版。）

華僑打從心底討厭中國，卻又離不開

武漢肺炎帶來的不景氣，也衝擊著新興國家的經濟。

根據消息，二〇二〇年東南亞的一月分新車銷量平均下降一四%，其中最為慘烈的是越南，下降了五三%；新加坡下降三七%；泰國下降八%；即使是目前蓬勃發展的印尼，也下降三%。過去豐田汽車在泰國一直表現強勢，此時陷入低迷，通用汽車則已決定撤出泰國。印度雖然透過分期付款銷售來衝業績，但由於個人破產激增等因素，導致排名第一的鈴木汽車陷入衰退。

汽車是消費性耐久財的指標，然而比汽車銷量衰退還悲慘的，是新興國家的貨幣貶值。在這種情況中，武漢肺炎不一定是衰退的元凶，而是間接因素，由於中國的石油需求下降，導致原油價格下跌，產油國俄羅斯、資源豐富的哥倫比亞、墨西哥、巴西、南非、印尼、阿根廷、土耳其等國的貨幣大幅貶值，特別是俄羅斯盧布，貶值了一五%。貨幣貶值會導致通貨膨脹，讓經濟雪上加霜。除此之外，富人紛紛購買美元以避險，使貨幣更容易貶值，外幣出逃的狀況在阿根廷、土耳其、墨西哥等地尤為明顯。

另一個大國俄羅斯除了「貨幣貶值」外，還遭遇股價大跌與嚴重的不景氣。此外，二〇二〇年三月二十六日，曾和俄羅斯總統普丁會面的主治醫師普羅佐科（Denis Protsenko），確診感染新冠肺炎。會面當天，普丁曾與普羅佐科握手，但普丁表示之後他沒有再與任何其他來訪者握手。此外，普丁每天都會接受檢查，內閣會議也改為視訊會議。俄羅斯政府還宣布，將會緊急提供一兆四千億盧布（按：約新臺幣五千一百九十億元）的應對補助金。

截至四月十三日，俄羅斯已有一萬八千兩百三十八人確診，其中一百四十八人死亡（按：至二〇二〇年十一月二十三日，俄羅斯的累計病例數達兩百一十一萬，死亡人數達到三萬六千五百四十人）。莫斯科實施封城並禁止外出，在莫斯科大街上看不見人影，我還看到影片，原本過去像表參道一樣熱鬧的阿爾巴特街，如今卻毫無人煙。街坊謠傳糧食短缺，但如果因非必要的原因外出，違反者將會受到嚴懲，散布謠言者還會被判處五年有期徒刑。艾米塔吉博物館（Hermitage Museum）所在的聖彼得堡幾乎沒有遊客；即使遠如西伯利亞，也有確診病例。在有許多外國人和穆斯林激進派所在的車臣，別說是外國人了，也拒絕其他城市居民入境，這都是為了防止新冠肺炎病毒，從其他穆斯林國家侵入車臣。

堪察加半島和薩哈林先前未出現新冠肺炎確診者，但如今也有少數人受到感染，莫斯科都市圈更是疫情重災區，謝列梅捷沃機場也已完全封鎖（按：於七月底恢復運行）。二月初開始，俄羅斯就拒絕中國人入境，但在這之前，大量的中國遊客早已遊遍俄羅斯各地。

有一個國家更接近瘋狂的狀態。

南韓可疑的基督教宗教團體新天地教會，特意在武漢舉行了一次信徒聚會，由於回國的信徒中有人受到感染，導致武漢肺炎在南韓迅速傳播，使南韓的感染率高出義大利。

南韓和中國一樣，也非常重視血緣關係。在日本，不會因為沒有血緣關係，就將其視為外人。即使是大公司，也很少會發生由創始人的兒子或孫子突然接班的狀況。

然而，「中國人生活在弱肉強食的社會中，所以有血緣關係的家族，必須聯合起來面對整個社會」，而韓國人就是中華文化的縮影，加瀨英明在《如何拯救陷入困境的韓國》（暫譯，勉誠出版）一書中指出：「所謂的韓國病，就是毒性強的中國病的別稱。」

臺灣很久以前也是如此，一家中小型企業的老闆，不會將公司交給能幹的員工接管，而是會選擇親戚的無能兒子作為接班人，這種人有個奇怪的觀念，認為：「如果讓別人控管自己的財產，還要被偷偷拿走的話，反正都是被順手牽羊，那還不如讓自己的親戚來做。」

而對南韓來說，更重要的是地緣群體，地區之間的區分非常嚴格，他們澈底歧視其他地區的人，全羅道與濟州島之間更是存在巨大的歧視。因此，南韓的每個地區，都存在著自己的神話。以這一點來說，根本稱不上是隸屬同一個國家吧。

朝鮮北部的檀君神話中，「天帝的桓因之子桓雄降臨人間，與熊女結合生下檀君，其後檀君建立了在檀君神話中廣為人知的古朝鮮，並成為開國始祖」。然而，「高句麗、百濟、新羅和伽倻的神話，雖然在內容上大相逕庭，但都是由蛋而生的卵生神話。」（加瀨英明，《如何拯救陷入困境的韓國》（暫譯））

當人民生活在連神話都有如此差異的地區，更不可能會有同胞的意識。儒家思想也被誤解為是中國、韓國、日本的共同思想，但其實完全不同。「中國的儒家思想雖羅列華麗詞藻，卻是統治階級用來控制人民的統治思想」，「當儒家思想傳入日本，經過日本人的精神過濾後，轉化為一種有益的精神修養哲學，並一直延續至今。韓國則原封不動的採用了中國的儒家思想，並深受其害。」（加瀨英明，《如何拯救陷入困境的韓國》〔暫譯〕）

話雖如此，中國在亞洲的影響力還是非常強大。亞洲各地區的少數派華僑，之所以能占經濟總量的九成，是因為除了越南，在東南亞各地都有華人的錢在流動。

根據川島博之的著作《日本人都誤解的東南亞近代史》（暫譯，扶桑社新書），東南亞十一個國家中，有六億五千萬人在此生活，說起來也是個「大市場」。

人類文化與文明經歷反覆變遷和衝擊，在漫漫歷史長河中，克服了殖民時代的暴政，大多數國家的目標是實現經濟獨立，而在這些國家邁向成功的路途上，中國不斷進行軍事擴張且成長為經濟大國，此時卻強勢進入並攪亂局勢，還帶來了傳染病，簡直是麻煩製造者。

散布在世界各地的華僑，人數估計約有三千萬人。但川島表示，以最新的數據計算後得出，其實有五千萬名華僑在全世界從事經濟活動。這結果實在令人驚訝，很難想像有將近日本一半人口的人離開祖國，到其他國家生活，並專門從事經濟活動。川島從不同的角度分析，發現柬埔寨之所以成為中國的經濟殖民地，是因為他們討厭泰國。華僑重視的是人脈和交流，他們根本不相信官方釋出的消息。

「華僑與猶太人的處境相似，並以類似的手法做買賣，然而華僑並未像猶太人一樣，學者、音樂家、藝術家等人才輩出。他們只做生意，且華僑並不擅長製造業。」

這裡有一個有趣的數據。在印尼，三%的華僑掌控九〇%的經濟；在菲律賓，僅二%的華僑掌握了九〇%的經濟；而在緬甸，二%的華僑握有九八%的經濟。因此，無論這些國家再怎麼討厭中國，也都歡迎中國投資。其中幾乎沒有華僑的國家，只有越南而已。

這一切是如何演變至今的，川島在他簡明扼要的文章中，列出了每個國家的特點和民族性格，並描述了為什麼他們的潛在心理討厭中國，但卻很重視與中國間的密切關係。

日本經濟將於美中新冷戰的夾縫中崛起

黯淡且令人灰心喪氣的局勢仍在延續，難道就沒有更為光明的前景嗎？

有一本書提出世紀大預測，預言日本股市將迎來一波大行情，股價在未來四十年內將上看三十萬點。到底是什麼樣的「昏庸經濟學家」，才會說出這種胡說八道、震驚社會的奇談怪論？畢竟，又有誰會相信「日經平均指數將在令和時代飛躍上漲」這種毫無根據的預言。

經濟學家判斷的基礎，是藉由觀察公司的興衰，並重視經營者的素質。但賭場、神奇寶貝、日本浮世繪等領域，這些投資者並不太關心的範疇，將推動下一輪的經濟發展。

在日本的經濟學家中，特別是悲觀主義者主導的經濟論壇，也加入了指正政策錯誤的行列，這些經濟學家和學者，把向政府建言視為人生的價值，他們最近流行「現代貨幣理論」（按：Modern Monetary Theory，簡稱MMT。其核心理念是，任何一個獨立貨幣主權的政府財政能力，不須受財政收入預算限制。只要在不引發通貨膨脹的情況下，財政赤字可以貨幣化，政府能夠無限舉債）。其中，多數是一味追隨美國的經濟評論家；另一方面，也有一小部分是樂觀主義者。

回顧《日本經濟必將於美中新冷戰的狹縫中崛起》一書的作者，艾敏．耶勒瑪茲（Emin Yilmaz）的經歷，你會驚訝的發現，他出生於土耳其，畢業於東京大學，擁有生物科技的博士學位，並取得了日本國籍，在野村證券投資銀行及法人投資者銷售部門。

雖然耶勒瑪茲被譽為是「來自土耳其的天才經濟學家」，但我注意到，他的發展基礎並非金融工程，而是生物科技，那麼他必定能夠從長期的跨度，分析市場行情。

他第一個著眼點是，日本主義（按：和風熱潮）已成為成長股的潮流。

第二點，賭場會在拉斯維加斯和澳門等治安良好的都市發展。如果未來澳門重蹈香港今日的覆轍，那麼亞洲的賭場業務，很可能會轉移到日本。

第三點，香港失去其國際金融城市的功能，只是時間問題。那麼未來亞洲的金融中心，會移轉至新加坡嗎？他的答案是否定的，他認為東京很有可能會成為新的金融中心。

第四點，他指出：「過去三十年，日本長期處於停滯期，年輕的投資者都專攻香港股市和中國股市。」

過去，高齡男性曾是支撐日本股市的中流砥柱，但現在也進入退休期；目前市場正迎來一股年輕世代回歸日本股市的新潮流。神奇寶貝、世界一流的威士忌、在歐美流行的日本酒以及遊戲機等，日本主義潮流席捲全球，且目前正在印度、中東、非洲等國家開拓市場。

這都還只是重點的一部分，最重要的是以下幾點。日本股市誕生於一八七八年（明治十一年），創立之初股價指數為一百三十點。一九二〇年，日本股票在最高峰時達到了五百四十九點（但由於明治時期的一股增加為七十三．六股，因此實際上當時的指數達到了四萬四百零六點）。在四十二年間，股市實際上增長了兩百九十七倍。

二次世界大戰結束後，一九四九年（昭和二十四年）日本股市重新開始，初始股價指數為一百七十二．八六點。一九八九年（平成元年）十二月，在泡沫經濟的高峰期，指數來到三萬八千九百一十五點的高點。在四十年之間，股價指數成長了兩百二十五倍。

如果從股票市場的歷史展望未來，從現在開始的四十年後，日本股市保守估計將會增長三十倍。即使這已經是一個相當保守的數字，我也希望能夠如此發展。

第五章

疫情太強大，讓全球中國熱急速冷卻

在中國爆發的傳染病，將巨大的恐懼帶給全世界。一九一八年的「西班牙流感」，也是來自於中國。

義大利和中國距離這麼遙遠，為什麼會出現這麼多武漢肺炎的犧牲者？

二〇二〇年三月十九日，義大利僅一天內就有三百多人死亡，死於新冠肺炎的人數超越了中國。義大利最初的確診病例，是一位從中國返國的人。在此之前，都謠傳是一對到米蘭觀光的中國夫婦。

義大利和武漢肺炎的關聯：溫州人

浙江省的溫州人被稱為「中國的猶太人」，他們將網絡擴展至全球，並進行大規模投資。不過，與其說是投資，不如說是惡名昭彰的投機行為。世界各地都有華僑，然而其中有很多是溫州人。順帶一提，二〇一一年的甬台溫鐵路列車追撞事故，也是發生在溫州郊區。

杜拜的不動產投機和不動產的行情突然崩潰，便是由於溫州人的集體投機炒房。我在數年前去杜拜時，很驚訝的發現機場附近有一個小型唐人街，而且有大量的中國勞工。那裡有龍城購物中心（dragon shopping mall）與中國相關銀行的分行，還設有募集人民幣存款的廣告牌，簡直就像是一個溫州人的社區。

當你到中國的書店時，會發現「溫州商人」、溫州人成功商業故事等相關書籍十分受歡迎。在中國的地方城市（例如內蒙古自治區的海拉爾區等地區）也有稱為「溫州商城」的購物中心。

起初，溫州人靜若處子般悄悄進入義大利，在古城佛羅倫斯旁普拉托市（Prato）的一家皮革廠找到了工作。義大利人老闆偏好雇用工資便宜的中國人，但在不知不覺間，義大利人經營的公司卻被中國人收購。中國人在生產品牌產品的同時，一邊生產仿製品，並打著「MADE IN ITALY」的名義出口，大賺一筆。當地學校有半數學生都是中國人。漸漸的，中國人已經占領了佛羅倫斯旁的普拉托。

據估計，普拉托的移民有五萬人（官方統計為三萬八千人），如果算進非法移民則有八萬多人，這些人製作古馳（Gucci）和菲拉格慕（Salvatore Ferragamo）皮革製品的仿冒品。由於仿製的情況日益嚴重，義大利前總理貝魯斯柯尼（Silvio Berlusconi）在任期間，還曾前往普拉托視察。日本旅行團由於無法在旅遊城市佛羅倫斯訂到飯店，一些旅行社便會選擇普拉托作為住宿地。

二〇一九年，有六百萬名中國遊客前往威尼斯和米蘭等義大利都市觀光，估計有四十萬名中國人居住在義大利。

有一派說法認為，新冠肺炎在義大利迅速傳播，是因為義大利人喜歡擁抱，也有人說可能是因為他們沒有洗澡的習慣，助長了病毒傳播。此外，義大利的醫療制度並不發達，對醫生的法律限制很多，且非常欠缺醫療設備。

我透過熟人認識移居到普拉托的日本人，得知了以下的普拉托當地現況。

「溫州人之所以在普拉托定居，很大程度是因為義大利的黑手黨體系和雙贏的關係。義大利人透過私下與溫州人現金交易，瘋狂出售土地和企業，賺得荷包滿滿，當時的普拉托人可說是揮霍無度，透過非法交易賺得更多錢。義大利的稅金是歐盟國家中最高的，用現金一次付清的中國人，可說是正中義大利人下懷。在我剛來普拉托的時候，普拉托人大肆揮霍的金錢觀，很類似日本泡沫經濟時期的人。儘管雙方一時都各享有好處，但最終整個城市卻被溫州人占領了。

「普拉托的人們經常抱怨：『這都是因為中國人！』但當有人說：『現在會變這樣，都是當地有力人士造成的吧。』大家卻又無話可說。因為義大利人自己想要隱瞞這一點，所以很少人會公開指出。我剛開始在普拉托生活時，看到了一份翻譯成義大利語的中國報紙，上面刊載的廣告說：『如果你想在義大利獲得成功，就來普拉托吧！這座城市能接受我們！』這讓我相當震驚。

「二十多歲的中國富二代年輕人們，開著賓士豪車和 BMW 汽車，去高級健身俱樂部和健身房。這些靠父母致富的富二代們，認為要藉由建立文化上的地位，和貧窮的中國人劃清界線，因此讓富三代的女孩學習鋼琴，男孩則學習拉小提琴。這和半個世紀前，日本人讓女孩子學習鋼琴的風潮，是同樣的現象。

「與收養棄貓和流浪狗的義大利人相比，中國人卻會以近十萬日幣的價格，在寵物店購買寵物貓。

「溫州人取得巨大成功的同時，另一方面，許多義大利當地的中小企業，一直以來支撐著義大利，如今卻面臨倒閉。

「雪上加霜的是，義大利政府成為歐盟第一個參與習近平提倡的『一帶一路』的國家。義大利政府開通與中國主要都市直航的航線，其後包括吸引中國的遊客、邀請中國資本和企業投資等，義大利政府居然主動扼殺本土事業。

「義大利北部的首例確診病例，並不是被中國人傳染的，而是一位因工作從武漢回國的義大利人，還有與其共進晚餐的義大利友人。有不少義大利人在武漢工作。而羅馬的第一例感染者，則是一位中國觀光客。

「如上所述，義大利現在就像是中國的屬國，即使發現了確診者，也無法立即禁止來自中國的人士入境。總而言之，在義大利大舉接受中國資本時，就可以大致預見義大利的未來，只是我做夢也想不到，義大利會遭受如此巨大的打擊。」

以上這些內部情報，並沒有在日本報導。

中東地區疫情最嚴重的國家——伊朗，中國對它做了什麼？

為什麼伊朗的新冠肺炎病毒確診人數會超過七萬，死亡人數超過四千人（二〇二〇年四月十三日）？這時就出現一個疑問，中國到底在伊朗做了什麼？

伊朗的國會議長曾感染新冠病毒（按：副議長二〇二〇年三月時曾指出，至少有二十三名議員確診新冠肺炎）；最高領袖哈米尼（Ayatollah Ali Khamenei）的顧問也死於新冠病毒；防疫的官員衛生部副部長，在召開記者會時不斷咳嗽，副總統也確診。疫情在政府高官和市長階層間迅速蔓延開，使伊朗陷入了恐慌。

我過去乘坐伊朗航空飛往德黑蘭時，途中會經過北京。當時，東京往返北京最便宜的機票，是每週僅一班航班的伊朗航空，會在北京上下乘客。從東京出發的旅客，大都在北京下機，取而代之的是，大量中國人從北京搭上飛往德黑蘭的班機。其中有許多人是軍人。由此可觀察到，中國軍隊和伊朗軍隊之間，似乎存在著某種特殊的關係。

在兩伊戰爭期間，中國向雙方出售武器並賺取了大量外匯。根據二〇一七年的統計，中國和伊朗之間的貿易額為三百億美元。在美國全面制裁伊朗之前，中國還誇下海口，說要在伊朗投資一千兩百億美元建設基礎設施。

由於西方加強了對伊朗的經濟制裁，日本目前也無法從伊朗進口原油。照道理說，中國應該要「配合」西方實施的制裁，但是實際上，中國似乎透過傾銷的手段，購買了大量的伊朗原油。

伊朗原油的出口量據說每日高達五百萬桶，但最近卻降至每天一百多萬桶，伊朗陷入經濟衰退、通貨膨脹，最後汽油價格上漲，更導致伊朗發生反政府暴動。據說政府出動軍隊開槍鎮壓，造成一千五百人死亡，這都是發生在伊朗革命衛隊指揮官蘇雷曼尼（Qasem Soleimani），遭到美國狙殺之前（按：蘇雷曼尼於二〇二〇年在巴格達國際機場遭到空襲死亡）。伊朗原想利用日益高漲的反美情緒，掩飾其國內的治安惡化，卻沒想到，這時中國恰巧送上一份恐怖的大禮——新型冠狀病毒。

伊朗的衛生部高官感染新冠肺炎，引起了很大的騷動。我先前提到了伊朗和北京之間有直航班機，而且軍人的往來非常頻繁。但伊朗方面的說法是，這些中國人都是派往太陽能發電廠的勞工。

伊朗以武漢肺炎為由，下了一場豪賭，向國際貨幣基金組織申請緊急貸款。

伊朗過去資源豐饒的富裕國家形象已經崩毀，自二〇一八年美國對伊朗實施經濟制裁以來，該國的經濟陷入嚴重衰退、石油更難出口、外匯儲備銳減、進口也無法以美元結算，導致國內市場物資不足和嚴重的通貨膨脹。然而，在民眾的現實生活陷入困境時，卻還提供資金和武器援助，給真主黨等海外親伊朗的組織，引發了人民不滿。

伊朗在巴勒維王朝的一九六〇年和一九六二年，曾向國際貨幣基金組織申請救助。但這次是自宗教革命以來，伊朗成為一個由宗教領袖管理的伊斯蘭國家後，首次向國際貨幣基金組織尋求援助。

伊朗政府已致函聯合國祕書長古特雷斯（António Guterres），請求提供救助。二〇二〇三月六日，伊朗政府正式向國際貨幣基金組織提出救助申請，暫時免除五十億美元的債務，並放棄債權。但是在國際貨幣基金組織握有決定權的是美國，川普曾多次表示不會放鬆對伊朗的制裁，未來的事態發展備受矚目。

疫情太強大，以色列的政黨組聯合政府對抗

以色列也無法倖免於新冠肺炎的疫情。在伊斯蘭文化圈，教徒必須聚集在清真寺做禮拜儀式，因而引發群聚感染。而猶太教徒也會在猶太會堂聚會，疫情便由此散播開來。

猶太人的民主主義原則是「全體一致的話，就不會去做」。因此政壇上總是充斥著許多小黨，沒有一個政黨是單獨過半。此外，還有阿拉伯人的政黨、來自俄羅斯的移民政黨，以及宗教原教旨主義政黨（以色列議會總共有一百二十名席次）。

在二〇一九年四月和九月舉行的兩次大選中，儘管以色列聯合黨驚險獲勝，但如果無法

組成多數派，就無法建立聯合政權。當時在席次較少的小黨堅持己見下，組成聯合政府的進展遲緩，雙方激烈爭論，且在組成聯合政府的議題上毫不退讓，局勢一發不可收拾，結果演變為「既然如此，那就再進行一次選舉吧」。

以色列在二〇二〇年三月二日舉行國會議員選舉，選舉管理機構的統計結果顯示，以色列聯合黨重返第一大黨，但所占席次只有三十七席（過半數席次為六十一席）；第二大黨則為前國防軍總參謀長甘茨（Benny Gantz）所率領的中間派「藍與白」，擁有三十二個席次。

在新冠病毒災難襲來之際，由於有大量猶太裔居民的紐約宣布進入緊急狀態，以色列也決定限制來自美國的入境，將此視為國難的大聯合政府構想因而浮現。但以色列總理納坦雅胡（Benjamin Netanyahu）和甘茨，基本上都將對方視為敵人，政治局勢依然暗流洶湧。

甘茨表示，只要面臨審判的納坦雅胡依然擔任黨魁，他就不會參加聯合政府。而前國防部長李柏曼（Avigdor Lieberman）領導的「以色列是我們的家園黨」（擁有七個席次），則主張應廢除猶太原教旨主義者享有的特權（免稅和免服兵役）等不公制度。由過去的執政黨「以色列工黨」人士組成的「梅雷茲黨」占有七個席次。阿拉伯系的政黨則獲得了十五個席次，與以色列聯合黨在阿拉伯國家等相關議題上持有不同意見，因此也拒絕加入聯合政府，事態進展並不順利。

然而，現在已經不是談論這種問題的時候了。

如上所述，截至四月十五日為止，以色列境內共有一萬兩千零四十六例確診病例、一百二十三人死亡。唯一安全的地方，只有新開發的土地和內陸的拓墾荒地，鄰近的伊朗疫情嚴重，以色列必須防止病原體從境外入侵。

以色列情報及特殊使命局（一般稱為莫薩德）提出警告：「我們正在與伊朗進行一場病毒戰爭。」因此，在野黨「藍與白」的前國防軍總參謀長甘茨，終於同意加入聯合政府，工黨也很快的加入。在野陣營中，仍有議員堅決反對加入聯合政府，「藍與白」將面對不可避免的分裂，雖然大聯合政府的基礎並不牢固，但以色列的混亂局面正在趨於正常。

前往義大利北部旅行的人，感染新冠肺炎歸國後，將新冠病毒災禍帶回遙遠的巴西和奈及利亞。一般視為最危險的地區，是醫療系統還不健全的非洲和拉丁美洲，這些地區的疫情大爆發才正開始（二〇二〇年四月）。

同樣的，芬蘭、希臘、北馬其頓、克羅埃西亞、西班牙、奧地利等國家，也是因為前往義大利北部旅行的人將病毒帶回國，造成國內疫情擴大。而這些遊客的共通點，則是大多都到米蘭和威尼斯等地觀光。

新冠肺炎會在中國人眾多的香港、新加坡、泰國等地大規模傳播，這是可以理解的，美國因為有許多唐人街，因此疫情的蔓延也在預期之內。川普政府已命令副總統彭斯組成疫情工作小組，以應對緊急狀況。

沉默的北韓、南太平洋諸島，都有中國的身影

與中國在地理上很接近的南韓，非常強調與鄰近北韓的兄弟情誼，但沒有人知道，北韓到底有多少人因感染新冠肺炎死亡，中國似乎也並未掌握北韓疫情的真實狀況。

據報導，中國對北韓的糧食援助還在進行中（二〇二〇年四月），但無法得知具體的項目和數量。雖然北韓觀察家指出，北韓已經有人死於飢荒，但也沒有目擊者的確切說法。可以想像，軍隊中應該發生了群聚感染。中國也有人民解放軍發生集體感染的消息流出，但是軍事機密受到保護，因此也無法判斷真實與否。

從可能性來判斷，中國軍隊應該發生了大規模感染。因為南韓軍隊中已經確認發生了群聚感染。二〇二〇年二月二十一日，南韓當局表示有一位隸屬於忠清北道的陸軍部隊士兵，被確診為新型冠狀病毒「陽性」，該士兵利用休假期間，前往了新興宗教總部。

如果韓國疫情尚且如此，那麼在連鎖反應下，可以想像北韓的實際情況應該更糟。

當中國軍隊發生群聚感染，導致死亡人數持續上升時，偵察衛星察覺到了異常徵兆並分析。從屍體的處理、野戰醫院的帳篷數量、醫療隊吉普車等軍車的異常動態等，美國中央情報局（CIA）應該都掌握了這些資訊。根據中國軍方機構的雜誌公布的部分資訊，湖北省的空軍降兵軍保障部出現新冠肺炎確診案例，有兩百人被隔離。香港《蘋果日報》也在二〇

二〇年一月二十七日報導了這件事。

有感染疑慮的士兵們，已經被隔離在軍用倉庫內。

美國海軍的航空母艦西奧多・羅斯福號也出現群體感染，並發生艦長被免職的「事件」。四月二日，航空母艦西奧多・羅斯福號的艦長克羅澤（Brett Crozier）被免職，原因是他將緊急致函海軍部的求救信洩漏給局外人，被判斷為沒有資格擔任航母指揮官。

確診新冠肺炎的航母船員人數為一百一十四人（四月二日），確診者被隔離在軍方設施中，這影響了全體美軍的士氣。隨後又有三艘航空母艦船員確診，導致美國海軍癱瘓。而中國、韓國和北韓的群體感染實際情況，一定更為嚴重。

中國靠出口廉價物品和假貨致富，目前將一帶一路視為開發計畫輸出的重心。在前面的章節中曾提到，這項重要的國家計劃因新型冠狀病毒疫情，導致工程突然被迫停止的經過，由於工程師無法從中國返回施工現場，工程進度岌岌可危，計畫面臨夭折的危機。

在印尼雅加達和萬隆之間的高速鐵路工程，早已超過預定的竣工日期，但目前仍處於剛開始施工的階段。在農曆新年期間，施工現場有一百名中國工程師回到中國，結果沒有再回到印尼。此外，印尼和美國一樣禁止中國人入境，甚至建議停止開發印尼的鈷礦山。

兩萬名中國勞工無法回到柬埔寨的工地現場；孟加拉停止了火力發電廠的建設；巴基斯坦的中巴經濟走廊（CPEC）面臨挫折；而吉爾吉斯則由於居民的反對，中止了由中國援助的物流中心建設計畫。

簡單介紹一下中國在南太平洋的擴張狀況，中國在塞班島收購了一家飯店，將其改建為賭場，並已開始營業。在婆羅洲（馬來西亞領土部分），中國則在有唐人街的亞庇，與港口城市古晉等地投資，而這些地方本來就是華僑開闢的港口城市。令人驚訝的是，在汶萊，中國軍隊也與守衛王宮的廓爾喀人士兵進行軍事合作和訓練，並承接基礎設施建設。

在東帝汶，你可以強烈感受到中國的存在。東帝汶是從印尼獨立出來的最低度開發國家，目前正在進行貨櫃碼頭、發電站和道路等工程。這些費用都由國際協力機構（ＪＩＣＡ）支付，並由中國企業承接這些工程。

由於中國對巴布亞紐幾內亞的投資金額異常龐大，首都摩斯比港已有部分地區「唐人街化」。中國更是豪爽的捐贈舉辦亞太經濟合作會議（ＡＰＥＣ）的場地，使其影響力倍增。

中國為了鮪魚魚場，在斐濟首都蘇瓦郊區的南太平洋大學內，設立了孔子學院。斐濟的商業原是由印度商人掌握，但隨著暴動發生，導致大量印度人離開後，中國人便趁此空窗期滲透斐濟。

在馬紹爾群島，中國不惜砸下重金收買議會，並提出了金融都市的提案。這是為了誇大宣傳，要把馬紹爾群島變為「南太平洋的杜拜」。

在索羅門群島，中國正在物色瓜達康納爾島周邊的港灣。

萬那杜也有華僑大量湧入，他們主要投資住宅、經營商店，並開始把現代化建設帶進北部的盧甘維爾港。萬那杜的中國大使館規模龐大，中國人正爭相購買萬那杜的護照。

在東加王國也有一個規模巨大的中國大使館，作為幫助東加建設基礎設施的回報，中國要求東加與臺灣斷交。然後中國也與吉里巴斯達成協議，以提供經濟援助為餌，要求吉里巴斯與臺灣斷交。

雖然身為南太平洋保護國的澳洲與紐西蘭，正試圖扳回一城。但巴布亞紐幾內亞、斐濟等國家的反澳情緒強烈；而萬那杜和東加等國，則是不假思索的歡迎中國投資。

大溪地和新喀里多尼亞是法國領土，拉羅湯加島（庫克群島的主島）有美國、澳洲、紐西蘭和英國、法國、德國的利益糾纏其中。而與薩摩亞有所區別的美屬薩摩亞，則是在美國託管統治下。

因此，目前亞太地區只有帛琉、吐瓦魯、馬紹爾群島與諾魯，和臺灣仍有邦交關係。川普政府也被這個事實所震驚，目前正在準備進行反擊。

美國股市崩盤，新冠肺炎其實是代罪羔羊

在二〇二〇年二月二十四日至二十九日的一週內，美國華爾街的股價跌幅超過一二%。

這是自二〇〇八年「雷曼風暴」以來最大的跌幅，並像鏡面現象一樣反彈至東京市場，日經平均指數下跌了八％。恐慌性拋售是因為，日本股票的買賣是由外國投資者主導，這樣的大幅度波動在四月不斷重演。

在前述的那一週內，從全球股票市場蒸發的市值為八兆美元（雷曼風暴時是六兆美元），全球都在擔心這是否會觸發經濟大蕭條，這次的事件也因此被稱為「新冠肺炎暴跌」。

然而在從之前，華爾街的崩盤就是一個令人擔心的問題。由於華爾街明顯漲勢過度，就像膨脹過度的氣球，用針輕刺一下就會爆破。原因很簡單，美國公司回購自家股票和股東分紅過多，這兩項因素讓許多有影響力的公司，跨越了無力償付的危險領域。首先是菲利普莫里斯國際、接著是波音、麥當勞、肯德基、星巴克等企業，無力償還的金額達到七・二兆美元，股票市場迎來全面調整，也只是時間上的問題。

谷歌、亞馬遜、臉書、蘋果，這四家公司被稱為GAFA（最近也開始有人以微軟〔Microsoft〕取代臉書，和上述其他三家公司合稱為MAGA，出現將其連結至「Make America Great Again」的潮流）。

這幾家通訊、資訊科技巨頭公司的市值，占了華爾街市值的一半，形成了一個異常的股票市場。當然，華爾街將會迎來一段調整期，這次新型冠狀病毒的災難，正是為股價下跌找到正當理由的好機會。

股東獎勵政策是川普政府的經濟政策核心。但另一方面，貧困人口正在急遽增加，這點從歐巴馬執政時期的「占領華爾街」運動就可看出，人民高呼「我們九九%的人，不能再繼續容忍一%人的貪婪與腐敗」，靜坐抗議持續了數個月。

在這種狀況下，民主黨在總統候選人初選的初期，產生了一種奇特的政治現象，極左的伊莉莎白・華倫（Elizabeth Warren）突然宣布參選，而與其說是社會主義者、不如說是共產主義者的伯尼・桑德斯（Bernard Sanders）取得領先。二〇二〇年四月八日，桑德斯終於宣布退出選舉。

美國的「學生貸款」債務，已經膨脹至如天文數字般的一兆五千億美元。順帶一提，信用卡貸款為九千三百億美元，汽車貸款餘額則為一兆三千三百億美元，現在美國的貸款王是學生貸款。

美國名校的大學學費約為五萬美元，私立學校的平均學費則約為三萬八千美元，畢業後的貸款利率為七%，學生到底要如何才能還清貸款？

如果加入軍隊服役四年的話，將可享有豁免大學學費的福利，因此美國貧困的學生都相當積極參軍。

即使好不容易取得大學文憑，如果無法進入大公司工作，要償還學生貸款相當辛苦，還可能導致破產、離婚和自殺，自暴自棄走上歧路，這是當今美國面臨的嚴重問題。有許多人是因債務而淪為街友，而這些流落街頭的人當中，有很多人感染了新冠肺炎而死亡。

滙豐集團裁員三萬五千人，出售一千億美元資產

香港局勢不穩的導火線，是二〇一九年三月的抗議集會和示威活動，由於這些是未經許可的集會活動，香港警方為追究負責人，於二〇二〇年二月二十八日早晨，在黎智英（Jimmy Lai）自宅將其逮捕，並帶至九龍城警署。

黎智英一直以來不屈不撓、不畏壓迫的抗爭至今。過去曾經營服飾連鎖店「佐丹奴」（GIORDANO），但在兩家分店遭縱火後，考慮到經營零售服飾的風險，便將佐丹奴賣給其他企業家。在華語圈，佐丹奴與優衣庫並駕齊驅，是日本女演員也鍾愛的平價服裝品牌。

黎智英不僅在背後，為二〇一四年香港雨傘革命提供資金援助，還通過其經營的《蘋果日報》與《壹週刊》等媒體，宣揚香港民主化的重要，抗議中國暴政和香港魁儡政府，舉辦大型活動、呼籲香港人民參加民主化運動等，使黎智英成為香港家喻戶曉的名人。從六月四日的集會開始，至六月九日的一百萬人示威遊行中，黎智英不僅站在最前線，帶頭衝高抗議活動的氣勢，還豪邁的以個人名義捐贈了數千萬元。

在香港動盪期間，黎智英的住家雖被投擲汽油彈，但他卻是支持學生和市民運動的精神

支柱。黎智英於二〇一九年七月訪問美國時，與美國副總統彭斯、國務卿龐培歐會面，美國將他視為領導層的核心人物。

在香港動盪期間，自動提款機被破壞，香港上海滙豐銀行（HSBC）被民主派視為攻擊目標。滙豐銀行是由沙遜家族財閥所創立經營，自鴉片戰爭以來就在香港扎根，是一家歷史悠久的銀行。民主派之所以敵視滙豐銀行，是因為滙豐屈服於北京的壓力，凍結了民主化運動群眾募資的帳戶。

在英國將香港主權移交給中國之前，滙豐銀行早就做好了逃出香港的準備，首先是將股票轉至新加坡上市，總部也隨之遷出。不久之後，滙豐銀行收購了英國的米特蘭銀行（Midland Bank），搖身假扮成「英國籍」銀行，隨後滙豐又若無其事的回到香港，繼續拓展香港據點的業務。

此外，在發行港元的三家銀行（滙豐銀行、渣打銀行、中國銀行）中，滙豐擁有最高的市占率。

二〇二〇年二月，滙豐銀行宣布了一項重整縮減計畫，要在未來三年內，出售一千億美元的亞洲據點的資產，並裁減三萬五千名行員。由此可以看出滙豐的方針，是把經營據點集中到歐美，縮減在亞洲地區的業務規模。

美國頂尖的汽車製造商通用汽車，雖然表示「將繼續在中國生產」，但重啟工廠的日程卻一再推遲。此外，通用汽車還將泰國的工廠賣給了一家中國的汽車公司（按：中國長城汽車收購通用汽車的泰國工廠，並於二〇二〇年十一月完成移交）。

通用汽車在亞洲的銷量並不理想，亞洲市場中日系汽車明顯最受歡迎。通用汽車可能已意識到，與豐田和本田相比，通用的銷售效率相對較低。

中國的第三大地產開發商「中國恒大集團」（EVERGRANDE）。二〇一七年的住宅銷售額超過人民幣五千億元，二〇一八上半年就超過了人民幣兩千九百億元。盛氣凌人的恒大集團，在二〇一九年跨領域進軍製造電動車（EV）電池，並開始規畫工廠建設藍圖。

由於新型冠狀病毒災難，房地產銷售陷入停滯，中國一百一十個城市的房地產交易實際上已經停止。二〇二〇年一月分的房地產銷售量下降約六％，而進入二月分之後，似乎並未進行房地產交易。此外，購房者無法順利支付貸款，各公司都面臨著嚴重的經營危機。

二月十七日，恒大集團宣布在未來四十五天內，將以七五折促銷八百一十一個物件；而另一個以七八折銷售五百三十二個物件的促銷活動，則持續至今（二〇二〇年三月底）。恆大之後還有進一步優惠，這是因為公司手頭的現金已經枯竭，短期內可能無法償還眼前的公司債券。

恆大集團在香港市場發行的美元計價公司債券，利率為一二％。

根據中國官方發表，二〇一九年中國的GDP增長六％。這意味著，如果中國公司不將利率設定為ＧＤＰ成長率的兩倍，根本無法說服投資者掏錢投資，過去被高度評價為「優良企業」的中國不動產開發商，在國際上的信用評價與垃圾債券相當。中國債券的高利率，在全球市場上是共通的，除非中國公司增加二％或更高的利率，否則投資者不會借錢給中國公司。

恆大集團是中國第三大地產開發商，從它的困境便可以推算，中國的房地產崩盤實際上正日益嚴重。

為什麼臺灣的確診者相對較少？

臺灣的疫情與義大利、南韓、伊朗等國家形成鮮明對比。因中國的高壓政策，臺灣無法加入聯合國之下的世界衛生組織，但實施的境外管制檢疫措施卻大獲成功。

一八九五年，清朝在《馬關條約》中將臺灣割讓給日本。在接下來的半個世紀裡，日本經營臺灣，建設基礎設施，修建水壩，鋪設鐵路，開辦學校，種植甘蔗，而且還成功栽培了蓬萊米。

日本為了開拓臺灣，創建了臺灣協會學校（拓殖大學的前身），首任校長為桂太郎，第三任校長為後藤新平。在臺灣第四位總督兒玉源太郎的時代，後藤新平擔任行政長官，這正是所謂的適才適所，時勢造英雄。

他們本著武士道精神，一心一意為了國家和臺灣居民盡忠職守的工作。順帶一提，第一屆的「後藤新平獎」是頒予前總統李登輝。

臺灣的平原地區一直有洪水和乾旱的問題，一位具有構想力和領導才能的日本工程師八田與一，耗費十年時間，建設了當時東洋最大的水庫——烏山頭水庫，並透過農田水利設施嘉南大圳，將臺灣西南部的嘉南平原變成肥沃的土地。

另外，為了克服臺灣糧食短缺的情形，磯永吉在臺灣成功培育了蓬萊米。他們體現了明治時代「為國家辛勤付出」的精神。這群人為什麼會有這種無私奉獻的精神，明治時代的領導者與現代日本人有什麼不同、有什麼值得我們借鑑的地方，在渡邊利夫的《建設臺灣的明治日本人》（暫譯，產經新聞出版）一書中皆有探討。

臺灣防疫成功、確診人數最少，可歸功於臺灣重視境外管制的檢疫措施。而其淵源，可追溯至日本努力建立的防疫制度。

「臺灣位於衛生環境極差的熱帶、亞熱帶地區，日本為了根絕臺灣的流行病，付出了許多心血。」其中最初的項目就是建設供水和汙水排放系統。「過去的臺灣，鼠疫、瘧疾、霍亂等風土病盛行，島民的平均壽命約為四十歲。日本統治臺灣初期，日軍與被稱為『土匪』的島內抗日勢力作戰，造成近五千人死亡，但其中只有一百六十人戰死，其他人都是因罹患風土病而死。」（渡邊利夫《建設臺灣的明治日本人》。）

甲午戰爭中，日軍陣亡人數不到五千人，但卻有近兩萬人死於傳染病。日本的工程師們，「致力於將整個衛生工程體系移植到臺灣」。一八九五年，「總督府在臺北建設了第一家官辦醫院『臺灣病院』。於隔年一八九六年，也在臺中、臺南建立了總督府醫院」。此外，「為對抗在臺灣肆虐的瘧疾和鼠疫等疾病，還從日本請來醫師，分配至各地區，派遣公家醫生到最前線。」

兒玉源太郎和後藤新平為了建立臺灣社會秩序，兩者都在追求可形成秩序的「公共之力」。後藤新平在他的《國家衛生原理》一書提到：「國家的組織起源於人類的生理動機，其目的是使國人共享生理上的圓滿。」（中略）「貫徹道德義務，即是為獲得生理上的圓滿；促進國民的安寧幸福，亦是為維護社會權力秩序。」

而共產中國在抵禦新冠肺炎一事上，真的抱持著道德義務，以尋求人民生理上的圓滿嗎？看來中國並未付出足夠努力，去了解何謂「公共之力」。

二〇二〇年一月十一日的臺灣總統大選，由民進黨候選人蔡英文獲得壓倒性勝利，國民黨全面潰敗。國民黨的領導幹部也出現了世代交替。

在二〇二〇年三月七日的國民黨黨主席（黨魁）選舉中，江啟臣（四十九歲，當選過三屆立法委員）以六八％的絕對多數得票率，擊敗了老國民黨的代表人物郝龍斌（六十九歲，前臺北市長）。

郝龍斌的父親郝柏村，是臺灣前參謀總長、前行政院長，且是李登輝最大的政敵。郝柏村為對抗李登輝，分裂了當時的國民黨，讓本省人政治家林洋港參加總統大選，但結果卻慘敗給李登輝。他的兒子郝龍斌在美國的大學留學回國後，進入政界，是新黨（帶有華夷秩序思想的第二代外省人們組織的政黨）的核心成員。結果沒過幾年，新黨就勢微，之後郝龍斌回到國民黨，擔任了兩屆立法委員，並當選過兩屆臺北市長。

新上任的國民黨主席江啟臣，出身於中部的豐原，從政治大學畢業後便赴美留學；連續三屆當選立法委員，過去參加的第一、第二次立法委員選舉皆是驚險勝出，在第三次選舉中則與民進黨候選人拉開差距、取得壓倒性勝利。江啟臣被稱為「隱性臺獨派」。因此，以往習近平都會向新任國民黨主席致電道賀，但這次江啟臣卻未收到習近平的賀電。

國民黨之所以在這個時候重選黨主席和幹部，是因為在二〇二〇年一月十一日的總統和立法委員選舉中慘敗，選後掀起了重選主席和幹部的聲浪。

馬英九、吳敦義等許多政治家，雖沾染了老國民黨的統治者體質，但黨內卻出現了表面上支持「親中路線」、實際上卻反對「一國兩制」的情況。國民黨早已拋棄了蔣介石式的傳統，本省人占據了主流，力圖擺脫舊有包袱。江啟臣呼籲國民黨要展現年輕化，並表示只有透過世代交替，才能改革國民黨。

然而，實際上國民黨距離恢復勢力，還有一段漫漫長路要走，重建選舉機器勢在必行，但臺灣人民早已厭惡親中路線，國民黨的支持率持續低迷。此外，也有越來越多人對執政的民進黨感到厭煩和不滿。新成立的「時代力量」和「臺灣民眾黨」正吸引著年輕世代加入。

海航集團將核心業務「海南航空」分拆出售

二〇一八年七月，海航集團（HNA）董事長王健在法國旅遊時，於拍攝山景的時候不慎墜崖身亡。這真的是「意外死亡」嗎？海航集團在內部的經營政策上其實存在著對立。

海南航空成立於一九八九年，原先是海南島當地的航空公司，過去還一度謠傳投資者喬治・索羅斯（George Soros）看好海南航空未來的發展，將成為公司股東。二〇〇〇年，海南航空成長為綜合企業海航集團，開始飛躍成長。

會說海航集團與王岐山有很深的關係，是因為王岐山以他在金融領域的經歷，與國際上的金融人脈為豪，並且在廣信事件（按：一九九九年一月十一日，中國第二大信託投資公司——廣東國際信託投資公司，向廣東省高級人民法院遞交了破產申請書，此事件又被稱為「廣信事件」，為中國歷史至今最大的破產案，也是第一家由法院宣布破產的金融機構）中大顯身手，獲得了「救火隊長」的英勇名譽。二〇〇二年十一月，為了重建海南島經濟，王岐山突然被任命為海南省委書記與省人大常委會主任。但王岐山的海南省委書記任期僅維持數個月，很快的就被迫以北京市代理市長的身分，處理北京SARS醜聞（按：二〇〇三年SARS疫情爆發期間，中國衛生部部長張文康和北京市長孟學農，因隱瞞疫情而遭撤職）。

王岐山雖然沒有地緣關係，但他作為國際金融家的聲譽，對海航集團還是有利用價值。事實上，海航集團原本只是海南島當地色彩濃厚的業者，自從被謠傳是王岐山派系的企業後，便以龍騰虎躍之勢竄起，相繼收購了陝西航空、長安航空、新華航空等飛國內線的航空公司，目前包含國際線共經營八十五條航線，並擁有兩百三十三架飛機。

此後，海航集團的收購策略仍在持續，公司的業務也擴展到機場營運、飛機租賃和經營旅行社。最後，海航集團成為德意志銀行（Deutsche Bank）最大的股東，並收購了麗笙酒店集團（Radisson Hospitality）、希爾頓全球酒店集團（Hilton Worldwide）、公園酒店（Park Hotels & Resorts），成為全球商業界矚目的焦點。

海航集團還在曼哈頓收購了川普大廈附近的摩天大樓，在債務不斷積累的同時，通過強勢的併購（M&A）策略獲利。其在香港的子公司還在香港啟德機場舊址的競購中，買下了四塊地皮中的三塊，讓香港的地產開發商可說是欲哭無淚。

海航集團作為中國的第一「債王」，最高峰時負債高達八百六十億美元。

開始跌落神壇的海航集團，迅速賣掉了德意志銀行的股票、希爾頓全球酒店集團、麗笙酒店集團、公園酒店，並將啟德機場舊址的兩塊地皮，賣給了香港最大的地產開發商恒基兆業地產（Henderson Land Development），剩下的一塊地皮則賣給了會德豐地產（Wheelock Properties）以籌集資金，最後總算將未償還的債務餘額從七百五十億美元，減少到四十億美元。賣給會德豐地產的香港土地出售利得為一百零二萬美元。海航集團清理了子公司，並發放股利給股東。

海南航空是海航集團剩下的核心公司，但海南航空正朝著將資產分割轉售給中國民航、中國南方航空、中國東方航空的方向進行，目前正在進行最後的談判，近期就會決定買家。然而，新冠病毒的災難使乘客減少了九〇%，航空業的生意一落千丈，陷入了無人租賃飛機的窘境。時機點真的太差了。

中國紅錢，瞄準美國和印度的金頭腦

聞名全球的哈佛大學（Harvard University）也被中國紅錢汙染了。

哈佛大學內有許多自由派教授們，對共產主義有深刻理解，學生們也傾向於左派思想，在校園內根本沒有讚揚川普的集會活動。

中國的戰略被稱為「新前線」（new front），其重點不僅在獲得知識產權，還注重挖角優秀的海外學者。由於耶魯大學（Yale University）等知名學校，也同樣發生被中國滲透的情況，讓川普政府對美國優秀人才被挖角一事提高了警戒，並打算要求停止與中國的共同研究等項目。

諷刺的是，哈佛大學的校長在這次疫情中感染了新冠肺炎。哈佛大學化學與化學生物學系主任查爾斯・利伯（Charles Lieber）教授，提供中國許多發表前的校內論文，與專利申請的相關建議。中國則提供利伯教授五萬美元的月薪，與十五萬八千美元的費用作為回報。麻薩諸塞州總檢察長在波士頓法院起訴了利伯教授，利伯被指控將研究所實驗室的知識產權資料提供給中國，並交給武漢的實驗室。如果被判有罪，利伯將被判處五年徒刑和二十五萬美元罰款。

根據美國教育部的統計，中國以「捐贈」為名義，投入美國大學的資金總額，高達六十五億美元。被盜的知識產權估計高達六千億美元。

美國聯邦調查局開始針對，過去與中國合作的學者進行內部調查，許多中國特工知曉這項調查已經開始進行，竟突然失蹤，也有很多中國人被通緝（《南華早報》，二〇二〇年一月十九日）。

二〇一八年十二月，根據聯邦調查局的暗中調查，中國工程師譚鴻錦（Hongjin Tan，三十六歲）因涉嫌竊取次世代電池技術而被逮捕，並被美國司法部起訴。二〇二〇年二月二十八日，譚鴻錦被判處兩年有期徒刑，出獄後需監管三年，外加罰款十五萬美元。次世代電池的核心技術，是中國推展「中國製造二〇二五」的重點項目之一。

根據聯邦調查局的內部資料，次世代電池的最尖端技術是由美日企業聯手開發，特別是總部位於奧克拉荷馬州的「菲利浦六六」（Phillips 66），該公司在過去的開發研究中，投入了十四億美元至十八億美元的資金。

與此同時，田納西大學（University of Tennessee）的一位教授，也因竊取ＮＡＳＡ的財務文件而被逮捕，這是繼哈佛大學利伯教授被捕後，又一起中國間諜事件。

美國的高科技產業，也很仰賴印度人的頭腦。

自二〇二〇年初以來，印度首都新德里發生暴動，造成許多人傷亡，但恰逢川普訪問印度，印度人民瘋狂歡迎川普的到來。

中國曾經如騰龍一般竄起，現在已陷入衰退，反觀與中國供應鏈無關的印度，經濟卻持續成長。鈴木汽車的新車銷量輕易突破了一百萬輛，豐田和本田也開始在印度全面生產，隨著豐田、日產、本田於印度南部的清奈設廠，全日空預測飛往清奈的航線需求將會提升，因此開通了東京飛往清奈的直飛航班。

前首相安倍和印度總理莫迪關係良好，安倍曾造訪莫迪的家鄉古加拉特邦，並決定了高速鐵路建設工程。目前已有超過一千多家日本企業到印度發展，新德里郊區還出現了日本人社區，德里的高級飯店內也有許多日本餐廳。半個世紀前，當我第一次造訪德里時，曾從日本帶了醃梅、烤海苔、乾麵等作為土產禮品，但現在德里已有日本食材專賣店了。

然而，一直表現強勁的印度經濟卻出現了逆風，並反映在生產現場和建築工地上。個人破產增加，新車銷量下降，印度經濟開始陷入衰退。

從二〇二〇年二月二十四日起，美國總統川普在第一夫人梅蘭妮亞（Melania Trump）的陪同下，至印度進行為期兩天的訪問，在旅遊景點泰姬瑪哈陵稍作停留後，川普出席了在總理莫迪的故鄉——古加拉特邦舉行的十萬人歡迎集會。

川普避開前往首都新德里，是因為在川普訪印前，新德里發生了持續兩個月的暴動，導致治安惡化，反對派因抗議「印度公民法」（按：允許因宗教迫害逃至印度的難民取得印度公民身分，但唯獨排除穆斯林，該法案引爆抗議示威）而加劇暴力行動。總理莫迪在首都區的支持率低迷，執政黨於該地區的選舉更以大敗收場。

美印首腦會談討論了包括貿易、安全保障、地緣政治學、5G等在內的廣泛議題。最後可見的會談結果是，印度將向美國採購三十億美元的武器——其中包含二十四架海鷹直升機、六架阿帕契直升機、雷達、通信設備等。

由於印度的防衛系統幾乎採用俄羅斯製武器，突然要將印度的武器體系，整個改為F－16戰隼戰鬥機等美國的武器系統，反而會降低效率，因此雙方最後僅停留在小規模的武器軍購上。

印度太平洋戰略是一個以美國、日本、印度、澳洲等四國建構的防禦體系，雖然該戰略的建構迫在眉睫，但印度政府看重的議題是巴基斯坦問題，特別是反恐方面的合作與中國相關問題。

據知情人士透露，美印在中國問題上意見並不一致，特別是在5G議題上，相對於美國希望排除中國5G設備，由於華為的產品已經透過基地站、工廠和銷售的普及滲透印度市場，因此印度表示不可能完全排除中國的5G設備，在5G的立場上並沒有改變。

儘管川普在演講中表示「這只是與印度展開外交的第一步」，但許多媒體仍批評川普此次訪印的成果平庸。

抗議中國鎮壓維吾爾族的聲浪，從土耳其擴大至香港

人們對土耳其總統艾爾多安（Recep Tayyip Erdoğan）的評價，在根本上就是錯誤的。艾爾多安出兵利比亞，就像是要攪亂中東的政治局勢一樣。

而關於維吾爾難民，艾爾多安政府則採取相當微妙的政治態度，以同樣身為突厥同胞與伊斯蘭教團結的角度來看，土耳其本應全面支持維吾爾難民，但是目前土耳其對「維吾爾獨

立」抱持的立場，卻相當不透明。

艾爾多安一直主張回歸伊斯蘭教，並逐步排除西方價值觀。他在土耳其的大學裡建立了清真寺，在敘利亞問題上與西方國家對抗。特別是在庫德族問題方面，土耳其一再與美國、北約國家發生衝突，最後與俄羅斯走得異常接近，並引進了俄羅斯的S－四〇〇飛彈系統，因此激怒了美國。隨後，艾爾多安居然若無其事的訪問了美國，並與川普會面。

二〇一九年十二月二十日，土耳其的維吾爾族居民，在伊斯坦堡舉行了大型集會。大約有兩千人參加該集會，歌頌以「東突厥斯坦」的身分獨立，並抗議北京對維吾爾自治區的血腥鎮壓。

參加者戴著藍色的面具，右眼環繞著月亮和星星，嘴巴被中國五星旗所覆蓋——象徵著「封口」。兩天後，香港舉行了戴著相同面具的集會，吸引了數千人參加。

目前，土耳其大約有三十個維吾爾族組織，目前最少有五萬名、最多則有三十萬名維吾爾人居住在土耳其。其中許多人為了逃離中國共產黨的非人道鎮壓，從烏魯木齊、喀什市、和田市、伊寧市等地經由泰國，輾轉逃至土耳其。

特別是在二〇〇九年七月五日的烏魯木齊七五事件（維吾爾人被中國暴徒攻擊，傷亡人數超越兩千人）之後，全球的維吾爾組織，一直持續對新疆維吾爾自治區提供援助。據說土耳其境內有「東突厥斯坦獨立運動」的極端分子的藏身處，二〇〇二年，該團體被聯合國認定為恐怖組織，美國也隨後跟進。因此，人們對以「東突厥斯坦」為名的獨立運動，抱持著懷疑的態度。

事實上，十五年後的二〇一七年，在中國的施壓下，土耳其政府將「東突厥斯坦獨立運動」，認定為恐怖組織運動。

總統艾爾多安在維吾爾問題上反應微妙的原因是，他不但沒有批判中國血腥鎮壓新疆維吾爾族是「人類之恥」，反而還對此噤口不言、訪問北京，表示將幫助中國揭發恐怖分子。

實際上，雖然土耳其政府一直在監視，躲藏於安卡拉和伊斯坦堡的東突厥斯坦獨立運動活動人士，但政府的態度並不一致。

土耳其與維吾爾族之間的關係是血緣兄弟。

突厥民族是中亞的遊牧民族，曾以突厥、鐵勒、大月氏等國名出現於歷史上，並廣泛分布於哈薩克、烏茲別克、吉爾吉斯、土庫曼、土耳其等地區。突厥民族在粟特人統治的波斯和巴基斯坦附近進一步南下，並一度成為塞爾柱王朝的傭兵，之後他們又進一步西進，來到安納托力亞半島，並在此統治了土耳其。

一九九二年十二月，「東突厥斯坦民族代表大會」在土耳其舉行，來自美國、澳洲、巴基斯坦、沙烏地阿拉伯、瑞士等三十七國的代表前來參加會議，並決定了國旗、國歌、國徽等（「西突厥斯坦」是指哈薩克、烏茲別克、土庫曼等國家）。

從那時開始，突厥人的理想就是收復中亞的失地，並重建作為象徵的「東突厥斯坦」。

二〇一九年七月，聯合國通過了一項決議，抗議中國鎮壓維吾爾族，參加該決議的國家有埃及、亞美尼亞、利比亞、不丹、俄羅斯、菲律賓、巴基斯坦、阿曼、卡達、科威特等，以中東伊斯蘭國家為主，南蘇丹等國也參與其中，只有伊朗是唯一的例外。

新冠肺炎疫情突然爆發，暴露了中國內部維持秩序的阿基里斯腱。美國終有一天會更了解維吾爾獨立，就像當年維吾爾獨立之火蔓延時，美國頒布了《臺北法》、明確的捍衛臺灣一樣。

無論如何，中國病毒讓全球的中國熱同時急速冷卻，使世界各國從夢中驚醒。

第六章

川普下臺，拜登上臺，美國未來怎麼對抗中國？

哈佛大學教授成為中國間諜的事件，為美國帶來巨大的衝擊。美國最優秀的頭腦居然被中國滲透，這是多大的震撼。先前就有傳聞指出，哈佛大學、麻省理工學院（ＭＩＴ）、耶魯大學都被中國紅錢所汙染

中國的戰略被稱為「新前線」，其重點不僅在獲得知識產權，還特別著力於挖角優秀的學者。由於耶魯大學等知名學校，也同樣發生被中國滲透的情況，川普政府對美國優秀人才被滲透和挖角提高了警戒，並要求停止與中國的共同研究等項目。

中國軍事霸權的威脅與日俱增，次世代的網路戰爭即將來臨

日本的大學是由文部科學省管轄，美國大學則是由教育部管轄。美國教育部採取的措施是，如果大學不關閉孔子學院等機構，將削減補助金的預算。

哈佛大學化學與化學生物學系主任查爾斯．利伯是高加索人，他將許多哈佛大學內部的論文提供給中國，並向中國提供專利申請的建議。在上一章描述了，中國支付利伯教授五萬美元的月薪，與十五萬八千美元的經費作為回報。

生物化學專家利伯教授，擁有多項專利。他作為中國科學院外籍名譽院士，曾多次獲獎。但利伯不僅從中國獲得了許多「獎」，中國還每月支付利伯教授一大筆「顧問費」。幾

位中國「留學生」還作為助手、從旁協助利伯教授。美國對兩位中國人發出了逮捕令，其中一人是女間諜（中國人民解放軍幹部的女兒），她竊取了美國的軍事機密，並將該機密傳給中國人民解放軍。但就在她被捕之前，她逃回中國。另一人謊稱自己是實驗室實習生，並企圖從美國知名研究所帶出生物樣本，二〇一九年十二月於洛根國際機場被捕。

這些事件代表著什麼？

無論是竊取生物樣本，或是挖角優秀的工程師，都很可能與生化武器的開發直接相關。隨後的調查表明，利伯教授是人造腦和奈米科技領域的專家，並被認為是該領域的權威，中國也是因此才會注意到他。所以，五角大廈的解釋是，比起生化武器，這起事件與「網戰士兵」的開發項目更直接相關。

「網戰士兵」就像是阿諾．史瓦辛格所主演的電影《魔鬼終結者》（*The Terminator*）的進化版，指的是使用奈米級人工智能（ＡＩ）的士兵機器人和武器系統，是現代人預測近未來將出現的一種戰爭形式，今後的世界可能將超越《星際大戰》（*STAR WARS*），邁向我們無法想像的未來。

動員軍隊、彼此互相射擊的傳統戰爭，已經是老生常談。

如今已是人造衛星漂浮在外太空，巡弋飛彈四處飛行的時代。遲早有一天，軍隊會利用人工智能建立一套綜合指揮系統，以應對網路戰爭，並取代洲際彈道導彈與潛艦。五角大廈正在進行相關研究，並將這項計畫命名為「二〇五〇網戰士兵」，而中國間諜探聽到風聲，竊取了相關機密。

對西方國家的安全保障來說，這是極為嚴重的情況。

一九八二年，我的著作《軍用機器人戰爭》（暫譯，鑽石社）出版了。當時，我把這本書拿給了日本防衛廳（按：防衛省舊稱）的一位幹部看，他卻將我當成小丑，並嗤之以鼻。該書現在已經絕版，但我聽說最近這本書的複印本，在國防官員之間傳閱。

當時，引進了工廠自動化（Factory Automation）和辦公自動化（Office Automation）的工業機器人，實現了工廠無人化、小型電腦、多功能事務機、傳真機、印刷與裝訂同步進行的機器等相繼推出，辦公業務自動化發展神速。

那時電腦更開始應用於設計領域。機械的高效率發展和稀有金屬等新材料的研究，使半導體體積變得更小，並讓容量和速度提升數萬倍。早在超越超級電腦的量子電腦問世之前，就出現了探討軍用機器人（並非網戰士兵）的可行性等議題，當時我和美軍相關人士交談時，就曾提到類似的話題。

一九八〇年代，開始出現奈米革命和皮米革命的說法（奈米是一公尺的十億分之一，皮米是一公尺的一兆分之一）。

五角大廈的通訊技術已經發展至網際網路，和其複合體社群網路服務。過去在一間大房間內裝設、連接一堆電腦，也無法做到的資訊處理，現在可以透過一部輕薄的智慧型手機達成。如果是這樣的話，未來的科技——特別是人工智慧的發展——將會創造出什麼樣的世界？隨著半導體技術的革命性發展、物聯網（IoT，所有的物品與網路相連）精密度的提高，「網戰士兵」將從概念的世界朝向實際應用發展。

電動汽車正在發展的階段，也有可能運用在軍事用途。事實上，伊隆・馬斯克（Elon Musk）領導的特斯拉，在中國建設了一個大型工廠，並投入一億美元加速開發無人汽車的技術。

次世代技術將集中於「網戰士兵」的誕生，擁有人類大腦和數百萬個細胞的士兵，將和武器連動。這項新軍事革命將與生物科學直接連結。因此，哈佛大學教授成為中國間諜的事件，象徵著情勢有多麼嚴重。

美國對實現「二〇五〇網戰士兵」充滿堅持，並分配了預算，但也許中國人民解放軍會先達成這項目標也說不定。

這是因為有學者預測，「基於目前人工智慧和雲端技術的快速發展，可能在二〇三〇年左右，就實現同時識別三億個模式的願景」（未來學家雷蒙德・庫茲維爾〔Raymond Kurzweil〕，《亞洲時報》，二〇二〇年三月十五日）。

那些預測錯誤的「美國通」

在日本，有許多人自稱「美國通」。但這些美國通的分析，只侷限於他們所知道的範圍的美國。特別是日本主要媒體的特派員、大學教授、智庫成員等，都是透過自由主義的稜鏡觀察美國，因此，他們的報告都相當偏頗。這些人片面的將基層庶民、內陸和中西部農民、聚集於南部教會的虔誠美國人的思想，都歸類為守舊派。所以他們才會誤判了美國接下來的方向。

美國的自由主義（liberalism），一度在大學和知識分子間極為猖獗。當時，在美國留學的日本人就輕易的上鉤了。他們回到日本後，就像擴音器一樣四處傳播該思想。彷彿新冠肺炎般，美國製的自由主義，席捲了日本的媒體和知識分子。

因此，書店裡有許多書，包含那些「美國通」寫的書，其實幾乎都不值得一讀。大多數記者和學者的觀點，也都偏向自由主義。結果，他們相信了美國民主黨的政治宣傳，認為川普是種族主義者、納粹分子等。這些人所說的美國，終究只是一個表象的美國。

日本的民意調查也受到人為操縱，這是日本左派媒體常用的手段。

大多數日本媒體特派員在寫稿前，都會閱讀《紐約時報》和《華盛頓郵報》。《日本經濟新聞》與代表全球主義保守派的《華爾街日報》，更是合作夥伴關係。

許多美國人已經厭倦了美國有線電視新聞網（CNN），CNN會以「根據分析指出……」等正統分析名義，報導極左派新聞，且日本的電視臺還會自豪的，將這些新聞重製播出。這就是為什麼那些「美國通」會預測失準，因為他們的分析在根本上就是錯誤的。

那麼，設立在華盛頓特區的日本駐美國大使館，得到的資訊是否正確？

各位可別忘了，日本外務省曾在二〇一六年，自信滿滿的預測「希拉蕊（Hillary Clinton）將勝選」，並且與川普陣營沒有任何聯繫。

渡邊惣樹撰寫的《美國民主黨的崩潰二〇〇一～二〇二〇》（暫譯，PHP研究所）掀起話題，書中生動描述了二〇〇一年至二〇二〇年，民主黨基本框架的演變過程——包括民主黨的草率執政、披著自由主義的外衣盤據白宮、左派的動向與政治說客、相關的政治事件、綱領和政策等。

「美國相關書籍」具有龐大的市場，而且擁有其獨特魅力。如果我們用客觀的事實來對比，並對照現實，將不難發現美國民主黨的命運已經敲響殘酷的警鐘，處於崩潰的邊緣。這不是對民主黨的情緒化討論，也並非片面盲目的讚揚川普。

接下來的部分是我個人的分析。

美國民主黨已經不再是一個自由政黨，而是一個被「女權主義者、全球化主義者、社會主義者、弱勢利益政治家」所劫持的極左政黨。民主黨的幹部被年輕的極左分子影響，導致其立場曖昧不定，中間派的候選人拜登（Joe Biden，歐巴馬時期曾擔任副總統）就是目前民主黨立場搖擺不定的最佳寫照，拜登在初選途中突然不再攻擊極左派，並表現出左傾的立場。

但是，民主黨的邏輯與中國人的價值觀可說是天壤之別，民主黨重視人道主義，因此中國其實並不喜歡民主黨。然而，民主黨同時具有「向錢看」的特質，中國也看準了這點，並派出說客遊說。

渡邊惣樹接著表示：「弱者對他人絕不寬容。一旦站在了弱者那一方，他們就會強迫別人承認自己的思想是正確的。這些人成為原教旨主義者，並缺乏現實主義者尋求妥協的觀點。在美國社會，已經出現了弱者成為掌權者的可怕現象。」

比爾．柯林頓（Bill Clinton）、喬治．沃克．布希（George W. Bush，小布希）、唐納．川普三位總統都出生於一九四六年，有著共同的戰後經歷。但同時，三個人的出身和背景也不相同，因此各自對戰後的認知存在著很大的分歧。他們擔任總統的順序分別是比爾．柯林頓（一九九三年至二〇〇一年）、喬治．沃克．布希（二〇〇一年至二〇〇九年）、唐納．川普（二〇一七年至二〇二一年）。隨著這三位總統的時代推移，美國也逐漸從對中國的期待和美夢中覺醒。

戰後，二十一世紀過了四分之三（按：約一九七五年），世界發生了天翻地覆的變化。首先是美國在軍事和政治上的單極體系（按：指對世界有絕對影響力的超級強權，透過軍事與政治實力穩定國際社會）的終結，從歐巴馬發表的聲明「美國已經卸任世界警察」，就可以體現出這一點。美國第一的時代已悄然成為過去式，由美國單獨採取的軍事活動變得相當罕見。儘管五角大廈反對，但美軍仍將在未來幾年內撤出敘利亞、利比亞、伊拉克和阿富汗。

第二，美元本位制的特性改變。美元結算作為布列敦森林體系（按：意指一九四四年至一九七三年，以美元為中心的國際貨幣體系協定。在美國主導下成立國際貨幣基金，美元與黃金掛勾〔即金本位〕、成員國貨幣和美元掛鉤。這時雖仍為金本位制，但全球開始以美元作為交易的主要貨幣，逐漸形成「美元本位制」）的基石，在金本位制度下具有很高的信任度。但在尼克森衝擊（按：美國前總統尼克森做出的重大調整措施，包括突然訪問北京、中美恢復邦交、讓美元與黃金脫鉤）後，除了英鎊之外，歐元、日圓等多國貨幣被列入了IMF的特別提款權（Special Drawing Right）組成貨幣，二〇一六年又增加了人民幣。

美元本位制之所以能夠持續，是因為它已經轉變為石油美元。作為工業命脈的石油，與金銀、小麥、大豆、稀有金屬都以美元結算。在這種情況下，美國將誓死捍衛美元本位制，而中國數位人民幣的普及，將被視為是挑戰貨幣霸權的野心，川普政府勢必會採取相應的反制措施。

第三是國家本質的改變，全球的戰後政治，可大致分為帝國主義和民族國家。美國從一個WASP（White Anglo-Saxon Protestant，白人盎格魯—撒克遜新教徒）社會變為多元文化的國家，無國籍文化猖獗氾濫，淡化了民族元素。

第四是進步史觀（按：相信人類社會和生活會不斷進步，並隨著時間的經過趨於完滿）的崩潰，隨著蘇聯解體，將左派集權主義視為人類理想的時代已轟然倒塌，而美國民主黨的意識形態立場，卻仍是過時的進步史觀。

第五，貿易體制從保護主義朝向貿易圈發展，隨著全球主義達到全盛期，世界各國的國境紛紛消除。歐盟（EU）的統一，與世界貿易組織（WTO）就是典型的例子。

然而，英國脫歐（Brexit）將可能成為歐盟解體的徵兆。全球寄予厚望的世界貿易組織，也因為中國肆意違反國際貿易規則，而陷入功能失調的窘境，急速走向衰退，並導致類似貿易保護主義的經濟民族主義抬頭。這就是一九七五年後的經濟發展歷程。

從柯林頓時代末期開始，經歷了小布希政府、歐巴馬政府，情勢發生了變化，繼任的川普徹底否定美國過去的作為，並完全顛覆美國一直以來的路線。

換言之，渡邊惣樹的論點是，主導了柯林頓、小布希、歐巴馬三代政權的政治思想的，是新保守主義（按：新保守主義主張政府不干預市場經濟自由競爭、支持自由貿易、推行減稅、削減社會福利等，也反對多元文化主義、強調愛國主義、以戰爭制裁恐怖分子等）。

新保守主義思想，是美國三位總統政權的基礎

渡邊惣樹的「新保守主義觀」是以廣義的語境書寫，這與筆者在《新保守主義的目標》（暫譯，二見書房）一書中，定義的狹義新保守主義不同。渡邊惣樹的論點更接近「深層政府」（按：非經民選的組織，例如政府官僚、軍隊、警察、政治團體、財團等，為保護其利益，於幕後控制國家）理論。

川普仇視深層政府，狹義的新保守派特色是「有許多前托洛斯基主義者（按：主張應廢除官僚專制，反對與帝國主義國家進行侵害工人階級利益的交易，維護工人利益為其核心）、改變方針者和猶太人」，其中包括厄文．克里斯托爾父子（Irving Kristol）、歷史學家羅伯特．卡根（Robert Kagan，卡根的妻子是暗中活躍於烏克蘭民主運動的維多利亞．紐蘭〔Victoria Nuland〕）、政治家理查德．珀爾（Richard Perle）。而在保守派主流的迪克．錢尼（Dick Cheney，美國前副總統）、約翰．波頓（John Bolton，美國前總統助理、美國前駐聯合國大使）、紐特．金瑞契（Newt Gingrich，代表共和黨保守派的前國會眾議院議長）並不列入其中。渡邊惣樹的新保守派定義中則包括了後者。

據說，美國總統大選的三個基本要素是EMM，「E是選民的熱情（Enthusiasm）、第一個M是資金（Money）、第二個M是向選民傳達正確訊息（Message）」。

談到川普在宣布參選前的美國言論空間，新聞自由與言論自由都很薄弱。這是因為媒體的主流是左派，對於保守派（右派）的主張，只有置之不理或激烈批評兩種選擇。民主黨自由派和擁護該派系的自由派媒體，他們的特徵是拒絕接受並排斥自己以外的論點，心胸狹隘的民主黨給川普貼上了「反智」的標籤，但其實民主黨才是真正的「反智」，日本版的《新聞週刊》也是如此。

民主黨變得瘋狂，是從「肯定性行動」（Affirmative action，給予少數群體和女性優待，例如要求大公司必須雇用一定比例的黑人和拉美裔）開始，該法案由約翰・甘迺迪帶頭倡導，由理察・尼克森立法，從雷根（Ronald Reagan）時代開始明顯實施。

其次是名為「政治正確」（political correctness）的約束，歧視性用語等詞彙被禁止，政治正確可說是一種「言語獵巫」。

日本媒體也充斥著許多禁忌用語，言論空間變得極其狹窄，發言者變得懦弱，對來自左派的攻擊也變得敏感，導致心理委靡不振，限縮了表達的自由，最後甚至連公開表達支持川普，都感到卻步（現在已經回到能夠自由表達支持川普的狀況了）。

媒體粗暴、無情的攻擊保守派，並用惡毒的言語抨擊（日本媒體猛力批評的對象，與美國媒體的攻擊標的非常像）。這種言論權狹窄的局面需要打破，而打破這個僵局的，正是社群網路時代的新武器推特（Twitter）、YouTube、主張反對論點的網站與網路電視臺。所以，即便像《華爾街日報》這樣的保守媒體也在批評川普，但仍有平臺為川普發聲，例如小眾媒體、小型電視臺、推特等，這些媒體迅速占據了言論空間。

中國只要在網路和微博上，發現任何批判或諷刺政府的言論，都會立即刪除，中國異常警戒現代的社群網路革命。

全力攻擊川普的極左派媒體有線電視新聞網（CNN），現在只有七十五萬名觀眾。另一方面，福斯新聞頻道（FNC）有兩百五十萬名觀眾收看。如果以日本媒體比喻，就像櫻花頻道、林原頻道、言論電視臺等小型電視臺，收視率超越日本放送協會（NHK）。

這可說是基層保守主義的勝利，更可說是一種輿論革命。

自柯林頓時代發起網路革命以來，在歐巴馬執政時期透過社群網路，引發了言論空間的革命。在這時期，民主黨已經被左派劫持，溫和派、保守派、中間派都大幅倒退。此外，操控左派的新保守主義，在小布希時期就已經暫時性的占據共和黨內部，之後他們也大批進入歐巴馬政府。

渡邊惣樹還指出：「民主黨強調，必須讓被視為目標的弱勢群體恢復『失去的權利』。讓人意識到自己是弱勢並不難。在大多數情況下，人們僅憑外表，就能自我認定屬於弱勢。環顧一下各種群體（黑人、移民、少數民族、婦女等），你很容易就能找出自己所屬的團體。這不能稱之為意識型態，而是一種只為了掌握權力而存在的主張（策略），也就是身分自由主義（IL）」

當弱者轉變為強者時，就會強迫他人接受自己的價值觀，這就是極左派的特徵。民主黨自身限制自己的行動和主張，結果反而無法採取任何行動。激進的左派分子和社會主義者，不僅動搖了黨的核心，甚至還掌握了黨的主導權。

當歐巴馬以咒語般的口號「YES WE CAN」擊退希拉蕊並當選時，美國黑人和拉美裔的歡呼聲此起彼落的響起。然而，歐巴馬執政時的黑人失業率（九．五％），卻比小布希時期（七．七％）更差，不滿的情緒因此蔓延開來，許多人認為情況不該如此。

畢竟，「歐巴馬能坐上總統寶座，都是多虧一位曾擔任外國企業說客的人物。當歐巴馬當選後，威廉．M．戴利（William M. Daley，一位臭名昭彰的說客）成為了總統助理兼幕僚長。歐巴馬政府有一批以服務外國企業為生、且作威作福的說客，這就是為什麼他們對希拉蕊以利益為導向的外交不感興趣。」

「歐巴馬的政治本質是迎合強者（而非弱者），媒體一如既往的將歐巴馬捧為『弱勢代表』，但事實上並非如此。」

希拉蕊將伺服器移至家中，用自己的電腦發出機密通訊，操縱「阿拉伯之春」，卻在利比亞慘敗導致失勢。儘管如此，媒體仍持續對希拉蕊的賣國行為視而不見。希拉蕊將國務院變成了「希拉蕊商會」——把國家外交事務和利益（政治獻金、捐款）掛勾。希拉蕊為了收受政治資金，成立了慈善機構和基金會；為了兜售政策，而在世界各地進行遊說活動，這就是希拉蕊．柯林頓的外交政策。

從這個角度來看，日本媒體報導的川普與事實截然不同，給人一種扭曲的印象。由於左派新聞工作充滿謬誤的報導，使我們誤解了美國將中國視為敵人的事實，並認為美國在對中國的政治和外交政策上犯了錯誤。

兩次彈劾失敗，終於在總統大選拉下川普

民調公司尼爾森（Nielsen）研究了各電視臺的收視率增減情況，發現福斯上升了三二％；MSCB下降了一％；批判川普的領頭羊CNN下降了二％（《華盛頓郵報》，二〇二〇年一月二十九日）。在過去十八年中，福斯電視的收視率一直在增加；網路上的福斯新聞，一年有一百九十五億人在觀看。

這些數字是寶貴的數據，換句話說，支持川普的福斯電視，近年來收視率顯著提升。

在二〇二〇年二月三日的愛荷華州民主黨黨團會議上，前副總統拜登（七十八歲）以二三％的支持率遙遙領先，其次是支持率一八％的伯尼．桑德斯（七十九歲），前紐約市長麥克．彭博（Michael Bloomberg，七十八歲）以一二％的支持率躍居第三，第四則是伊莉莎

白・華倫（七十歲）。彭博以「直接跳過前四站初選」的方式獲得初選提名，他利用個人財力建立了四百人的競選團隊，並在電視廣告砸下約二・六億美元的資金。另一方面，桑德斯獲得工會支持，特別是有二十萬人的美國郵政工會表示支持桑德斯，但卻遭到希拉蕊痛批：「沒有人想和他一起工作。」

作為競選活動的一環，民主黨仍繼續彈劾川普的計畫。但在二〇二〇年一月三十一日，證人傳喚以五十一對四十九「被否決」，使得局勢進一步鞏固。二月五日，總統彈劾案在參議院全體會議上遭到否決。

自上任以來，川普實踐了一系列選前的承諾。例如，審查《北美自由貿易協議》（NAFTA）、退出《巴黎協定》、對中國發動高關稅、退出《跨太平洋戰略經濟夥伴關係協定》（TPP）、退出《伊朗核協議》等。特別是退出《巴黎協定》，使得工人重新回到煤礦區和瓦斯開採區，提振了美國經濟，讓股價達到歷史新高，大幅改善失業率。民主黨的支持者轉而支持川普，或是支持更激進的獨立黨，改變了支持的對象。特別是黑人對民主黨的支持率明顯下降，使民主黨開始陷入恐慌。

民主黨的極左傾向反而因此更強烈，桑德斯和華倫等社會主義者，與自由派極左分子的支持率，在民主黨總統大選初選前的一系列活動中持續上升，甚至超越了中間溫和派的拜登。彭博看到了民主黨如此混亂的局面，也決定利用這大好時機彎道超車，取得逆轉勝。

即使第一次的總統彈劾案沒有足夠證據，但民主黨卻依然進行了為期兩年的「通俄門」調查，故意干擾川普。儘管調查委員會的成員都是由傾向民主黨的人選構成，且在司法部和聯邦調查局都偏向民主黨的情況下，報告書的結論卻是「無法提供足以彈劾川普的證據」，整件事鬧得沸沸揚揚，最後卻連一隻老鼠都沒抓到。

共和黨在被稱為通俄門重演的烏克蘭醜聞（按：指稱川普於二〇一九年五月至八月，透過電話施壓烏克蘭政府，要求調查川普的政敵、民主黨總統候選人喬．拜登及其兒子亨特．拜登〔Hunter Biden〕一事）上，面對民主黨的彈劾攻擊，罕見的團結一致。在上屆總統大選中，保守派主流人士批評川普，並支持希拉蕊。共和黨的眾議院議長保羅．萊恩（Paul Ryan）直到最後一刻才轉而支持川普，在許多人不配合的情況下，川普只好孤軍奮鬥，最終戰勝了希拉蕊。

現在的情況已經有了一百八十度的轉變，共和黨人團結一致支持川普，就連被稱為新保守主義代表、厭惡川普的迪克．錢尼，也站出來支持川普。

那麼，川普在二〇一六年總統大選，獲勝的原因是什麼？

川普不依靠選舉專家，並將目標鎖定在純樸且在基層生活的人民，他重視偏遠鄉村的牧場、農場和教堂，在最偏僻的深山雪地，舉辦了自村莊有史以來最大規模的集會。而且《時代》雜誌注意到了這場在美國鄉村舉辦的集會，一個不到兩萬人的村子裡，近萬名村民不顧風雪、齊聚一堂，他們冒著大雪和嚴寒，耐心等待川普的到來，這些都是自發性的動員。川普旋風和奇蹟般的突然竄起，就是從此起步。從這時開始，在中西部地區的福音派集會開始聚集兩萬、三萬人，偏遠的城鎮和村莊，因為得知川普即將到來而出現騷動。初選才剛開始，就發生了競選專業人士都未預想到的狀況：出乎意料的，川普在初選中居然躍居第一。

「怎麼可能發生川普當選這種愚蠢的事」，共和黨的保守主流派放棄支持傑布·布希（Jeb Bush），改為集中支持參議員馬可·魯比歐（Marco Rubio）；新保守主義人士是支持參議員泰德·克魯茲（Ted Cruz）；而華爾街則是擁護俄亥俄州州長約翰·凱西克（John Kasich）。

隨著川普一次又一次在初選中領先，共和黨焦慮了起來，新保守主義派、保守主流派、華爾街開始不顧自己支持的候選人，轉而批評川普。

共和黨全體對川普都相當冷漠，直到最後也沒有與他合作。即使川普贏得了初選，共和黨非但沒有幫助川普進行競選活動，為了讓川普落選，曾擔任布希政府的五十位高層官員還發出聯合聲明，呼籲群眾投票給希拉蕊。換句話說，共和黨不知從何時開始，也被深層政府劫持，與民主黨同流合汙。

如今，在彈劾總統的指控被否決後，川普的支持率反而上升，彈劾案可說是民主黨的自殺式炸彈攻擊。共和黨幹部批評民主黨的行為，是「自殺行為」和「感情超越了邏輯」。

醜聞牽動著美國總統選情

五年前（二〇一五年）的六月，地產大亨唐納．川普在紐約的川普大廈，邀請國內外記者，宣布自己要參選總統。

那時，大多數媒體都給川普貼上了「小丑」和「吹牛大王」等標籤，將他視為一個炮灰候選人。但是，當時傳聞參加初選的十六名共和黨候選人中，曾擔任過節目主持人的川普，是最家喻戶曉的名人。在新聞發布會上，川普將自己的著作《跛腳美國：如何讓美國再次偉大》（暫譯，*Crippled America : how to make America great again*）發送給記者，該書中涵蓋了川普所有的政策。然而，沒有新聞工作者認真閱讀這本書，即使在日本，也只有我在自己的著作中提及了這本書（《川普狂熱：美國的「反知性主義」》〔暫譯〕，海龍社）。

在二〇一六年初，美國總統初選拉開了序幕，美國政治環境沉迷於以建制派（按：指傳統與保守勢力）為基礎的全球主義，沒有人把局外人川普視為是搬得上檯面的候選人。

在史帝芬．摩爾（Stephen Moore）和阿瑟．拉弗（Arthur Laffer）所著，《川普經濟學：重振經濟的美國優先計畫》（暫譯，*Trumponomics: Inside the America First Plan to Revive Our Economy*）中，作者拉弗等人回顧了選舉的早期階段：「過去選舉時總是透過競選顧問，向政治評論家、競選工作人員、民調公司、廣告公司支付巨額資金，但川普完全顛覆了這種做法。共和黨的職業政客們討厭川普。時至今日，這群職業政治家也依然憎恨他。」一位共和黨的競選相關人士還表示：「為了不讓川普成為威脅他們地位的先例，必須徹底擊垮川普。」

而對於共和黨陷入分裂動盪的局面，希拉蕊陣營則是幸災樂禍。許多記者預測希拉蕊將贏得總統大選，而共和黨將分裂，並迎向悲慘的結局。我曾飛往美國，在舉辦競選集會的周遭街道上，觀察大選氣氛及一般民眾的反應。例如，紐約曼哈頓第四十二街有一家著名的紀念品專賣店，當民眾瘋狂搶購川普的人偶時，卻沒有人購買希拉蕊的相關商品。進入書店，川普的書是暢銷書，而希拉蕊的書則放在角落、乏人問津。

就在初選之前，有三位男士聚集在川普的競選團隊，為川普提供經濟政策方面的建議。這些人分文未取，自掏腰包購買飛機票，前往紐約的川普大廈會合，討論、制訂出從初選到正式總統大選的經濟政策承諾。他們和川普開了一連串會議，為美國的復甦準備了相關方案，例如大幅減稅、放寬管制、針對失業的對策、廢除歐巴馬健保等。

這三名人士分別是《川普經濟學：重振經濟的美國優先計畫》的兩位作者——史帝芬·摩爾和阿瑟·拉弗，第三人則是賴利·庫德洛（Larry Kudlow）。庫德洛是經濟節目主持人，在被川普提名為國家經濟委員會主任後，就退出了該書的執筆群。摩爾則是美國傳統基金會的研究員，曾在《華爾街日報》任職。

經濟學家拉弗在雷根執政時期，作為顧問活躍於第一線，以拉弗曲線（描繪了政府的稅率與稅收收入之間的關係）而聞名。

隨著三位經濟專家不斷與川普會談，他們清楚的見到了川普競選總部的實際情況——工作人員很少、非專業的競選團隊，川普陣營的戰力大約只有希拉蕊陣營的二十分之一，不但沒有電視廣告預算，大額捐款也很有限，川普明顯處於劣勢。

川普的競選團隊選擇了「讓美國再次偉大」（Make America Great Again），作為他們強而有力的競選標語。

當總統競選正式開始後，多數媒體都集中報導希拉蕊具領先優勢的新聞，唯一支持川普的媒體只有福斯新聞。居於劣勢的川普，利用推特發出了一系列訊息，而川普發出的這些訊息，則成為電視新聞和報紙的報導來源。

川普的集會上，人多到無處可站。另一方面，希拉蕊的集會現場，位子甚至坐不滿。電視新聞耍了小伎倆，在報導希拉蕊的造勢集會時不拍全景，並將鏡頭聚焦在希拉蕊本人。而在報導川普的造勢活動時，便故意不拍攝充滿熱情的會場全景，只報導川普失言的部分，媒體非常熱中於操作資訊和群眾印象。

我曾在總統初選的白熱化階段前往美國，對日本的新聞報導與現實之間的巨大差距，感到很震驚。

民主黨輕易發起了總統彈劾案，不料最後卻騎虎難下。

二〇一九年十二月十八日，美國國會眾議院開始審議川普的彈劾案，事情演變至今，可說是眾議院議長南希・裴洛西（Nancy Pelosi）的失敗所造成。裴洛西表示：「總統川普的存在，是一個現在進行式的威脅。」儘管眾議院民主黨內部有相當多議員反對，但裴洛西依然強行推動審議彈劾案，並在聖誕節前掀起了一波議會動亂。

穆勒特別委員會最終提出了一份調查報告，表示找不到證據，結束了為期兩年半的通俄門調查，民主黨隨即將下一個目標轉向烏克蘭醜聞。

但隨著深入調查，指控川普「濫用職權」這種牽強附會的邏輯出現破綻，民主黨這些作為，其實都是為了利黨利己，其行為的本質逐漸浮出檯面。同時，下屆可能的總統候選人、前副總統拜登父子的可疑遊說活動，也有相關證據浮出水面。

拜登的兒子杭特進入烏克蘭天然氣公司擔任董事，該公司承諾支付其近一億日圓的年薪（按：也有媒體報導，其年薪為兩百萬美元）。希拉蕊的「利比亞門」也重新被引爆。

看得出來之後選民明顯離開了民主黨，約三〇％的黑人轉而支持川普，近半數拉美裔也遠離了民主黨。

彈劾決議案表決通過後，就會送進參議院，參議院的多數黨是共和黨，委員會宣布將以

「傳喚證人」的名義傳喚拜登父子、約翰・凱瑞（John Kelly）的兒子等其他相關人士，民主黨的氣勢從一開始就被削弱了。

過去，厭惡前總統尼克森的左派媒體，以激烈的批判動搖了國會與執政黨，將尼克森逼到了牆角，就在彈劾案幾乎確定成立之際，尼克森宣布辭職，並由副總統福特（Gerald Ford）繼任總統職位，而他自己則回到故鄉加州。

然而，當前總統柯林頓成為彈劾對象時，儘管證據確鑿，但左派媒體卻巧妙的上演了一場為柯林頓護航的運動，最終也未能被彈劾。換句話說，柯林頓能躲過彈劾，都是多虧了左派的掩護。

那麼川普呢？如今公眾根本不信任媒體營造出的假象，這改變了一貫以來的模式。民主黨為避免分裂和促進團結，唯一的辦法就是選擇中間派的拜登，烏克蘭醜聞雖然為拜登樹立了一種貪財的形象，但大選的結果還是由拜登勝出。

選前改支持拜登，是為選後鋪路？

二〇二〇年三月上旬，超級星期二過後，民主黨的初選選情似乎往有利於拜登的方向發展。這是因為華倫、彭博，以及公開出櫃的南灣市長彼特・布塔朱吉（Pete Buttigieg）紛紛中途退出了初選，三人彷彿以退出初選為籌碼似的，一致表示支持拜登。這改變了整個初選的節奏，會懷疑其中存在黑箱操作，也是很自然的。

孤立無援的桑德斯提出：「由於新冠肺炎疫情，許多人被迫失業或停工，應該提供國民每人兩千美元的補助金。」結果這反而使拜登的優勢越來越大。有力人士的撤出，是桑德斯陣營資金短缺的最大原因，但奇怪的是，為何這些人在撤出桑德斯陣營後，要特別表示將改為支持拜登？

這一切都是為拜登政府成立後的官位分配做準備，華倫希望在黨大會上被選為副總統候選人，彭博則希望成為財政部長。彭博不知是否出於這個原因，在三月二十一日捐贈了一千八百萬美元給民主黨競選總部，其他退出初選的候選人也在爭相競爭中。

川普陣營將原訂於七月在美國舉行的七大工業國（G七）組織會議改為視訊會議，雖無法出席造勢集會和相關活動，但可在電視露面和開記者會。白宮召開新冠肺炎緊急會議，限制入境、封鎖邊界、宣布全國進入緊急狀態等，接連不斷的推出政策，以應對危機狀況。

在美國眾議院彈劾總統的風波中，有一個重要的新聞報導被眾人忽略了。

二〇一九年十二月十八日，《國防授權法案》（NDAA）的國防預算剛從參議院通過，川普就迫不及待的立即簽署。事實上，這就是將中國當成假想敵國。

美國通過NDAA國防預算，對臺灣的意義是什麼？

美國二〇二〇年度的國防預算增加了二．八％，達到七千三百八十億美元，可說是前所未見的巨額數字。此外，連著魔般的堅持彈劾總統的眾議院，都以三百七十七票贊成對四十八票反對，通過《二〇二〇年國防授權法案》，而參議院則是以壓倒性多數的八十六票對八票表示支持。這顯示出美國對中國軍事威脅的敏感度，在國會中是超越黨派的。將中國視為敵人，是美國執政黨與在野黨的共識。

另一方面，中國的國防預算增加了七．五％（按：應為二〇一九年的預算），達到一千六百八十六億美元（其實實質數字是這個數目的三倍）（按：二〇二〇年五月臺灣中央社報導，中國二〇二〇年國防預算為五．三兆元，成長六．六％）。中國軍隊進行了驚人的擴張，其中包括裝備的現代化，與武器進行人工智慧更新。

川普的國防授權法案，預算的核心是建立和擴充太空軍，另一個目的則是防衛臺灣。美國明顯提升對臺軍售，除了在二〇二三年要交付臺灣F－16戰隼戰鬥機外，還決定出售一百零八輛M1艾布蘭戰車、兩百五十枚飛彈與其他武器零件等。位於臺北的美國在臺協會（實際上宛如美國駐臺大使館）就像一座軍事要塞，隨時都有數十名海軍陸戰隊士兵待命，這是眾所皆知的事實。美國的大力支持消除了臺灣人民的不安。事實上，逃離香港、前往其他地區的移民正在迅速增加，其中已有超過一千名香港人移居到臺灣來。

還有一個值得注意的變化是，《國防授權法案》中增加了一項條款：禁止將駐韓美軍人數，減少至目前的兩萬八千五百人以下。

在開發新武器方面，美軍將耗資九十三億美元打造九十八架匿蹤戰機。此外，還批准了兩百四十億美元的預算，用於建造十四艘艦船，包括福特級核動力航空母艦、三艘亞里・伯克級驅逐艦、兩艘維吉尼亞級核動力攻擊潛艦等。

二〇二〇年二月五日，美國和俄羅斯開始就《新削減戰略武器條約》進行談判，這是因為目前的條約將於二〇二一年到期，因此需要一個新的協議。美國表示，條約除了美國與俄羅斯之外，因為中國是擁有許多核武器的軍事大國，也要讓中國參與，以加強全球穩定。

一九八〇年代開始談判的削減戰略武器，其核心思想是權力平衡的延伸，儘管有人呼籲應禁止原子彈和氫彈，但隨著核技術的革命性發展，一枚飛彈上可以搭載複數的核彈頭。藉由減少這些彈頭的數量、禁止多目標重返大氣層載具（MIRV）化、限制潛艇搭載發射無人機、以及設定戰略轟炸機作為運輸工具的上限等。基本上，美俄雙方的核彈頭上限在《*START I*》（第一階段削減戰略武器條約）中為六千枚，戰略運載工具不得超過一千六百架。而在《新削減戰略武器條約》中，美俄雙方將可各自擁有一千五百五十枚核彈頭，以及七百架戰略轟炸機。

一九九一年生效的《*START I*》，規定彈頭上限為四千九百枚。自二〇〇三年開始，彈頭上限更進一步降低為雙方總數不得超過三千五百枚。並包括禁止使用多目標重返大氣層載具。然而在最後一刻，俄羅斯議會卻沒有批准該條約。因此，作為臨時措施，美俄雙方通過了補充的《莫斯科條約》（實際上可說是*START III*）。

面對中國以核彈大國之姿崛起的事實，川普政府廢止了與俄羅斯的《中程飛彈條約》（INF），並開始重新生產遠程彈道飛彈。

無論如何，中國已經擁有了大量核彈頭，其中大多數是可裝設十二枚氫彈，並能同時瞄準十二個目標的多目標重返大氣層載具。此外，中國還擁有不少潛射巡弋核飛彈。

因此美國判斷，有必要與中國簽訂《新削減戰略武器條約》，但中國不斷重申其官方立場，表示：「不加入該條約，也不會同意縮減核武器。」

換句話說，中國已經向世界宣告：「我並不期望世界的穩定和秩序。」

終章

中國將在最終戰爭自取滅亡

二〇一六年，我為了採訪總統大選而前往美國，在川普的競選總部，看到前總統雷根與約翰·韋恩（John Wayne）等身大的畫像並列，令我留下深刻的印象。川普對這兩位在歷史中代表「強大美國」的人物，坦率的表現出尊敬之意，也因此將宣傳標語定為「讓美國再次偉大」。

在入主白宮之後沒多久，川普就從倉庫找出，被前總統歐巴馬撤除的第七位美國總統安德魯·傑克森（Andrew Jackson）的畫像，重新裝飾在牆面上。

歐巴馬原本想重新設計印有傑克森的二十美元鈔票，變更為黑人女性社會運動者。川普則在上任後，將新鈔發行的時間延至二〇二六年。

這位前總統傑克森，雖曾有歧視人種、印第安大屠殺等作為，容易受到現代價值批判，但他之所以頗獲川普認同，是因為身為愛爾蘭移民後裔的傑克森，從出身赤貧到白手起家，以自己的力量持續迎戰的積極態度。川普厭惡不願意付出努力的精英，也極端厭惡政府的存在，卻亟欲將美國發展為全球軍事力最強大的國家，無法容許其他國家挑戰美國的霸權。

美國出手阻止「中國製造二〇二五」

在認知中國勢力的崛起是一大威脅之後，川普更是堅不退讓，決心擊潰中國的霸權發展。以這樣的邏輯去思考，川普的做法就類似前總統雷根讓「邪惡帝國」（蘇聯）解體，把瓦解「軍國主義的中國共產黨」視作戰略目標，在保衛智慧財產權的同時，也嚴厲取締非法移民。

既然如此，堪稱美國之敵的國家，也只有中國。但習近平似乎有些缺乏國際情勢認知，仍無法完全理解美國採取的強硬態度。既然如此，江澤民和胡錦濤為何會選擇習近平？

在與美國比較下，可以發現一個重要的線索。

「民主黨的高層側重於黨的利益與團結。也就是說，民主黨是為了穩定力量，才將拜登推舉為總統選舉的候選人，這酷似蘇聯選擇布里茲涅夫的過程。」英國《衛報》（*The Guardian*）曾如此比喻（二〇二〇年三月六日刊）。

江澤民較放任軍隊內部的腐敗，採取的態度是睜一隻眼、閉一隻眼，取而代之的是獲得軍隊的全面忠誠。其後的胡錦濤政權，可以說是江澤民在幕後操盤的「院政」（按：天皇退位成為上皇，卻依舊統理國政，以此比喻），所以前面英國《衛報》的比喻，其實也跟中國相去不遠。因此習近平代表的是黨的安定力量和保護特權階級，而非國民的福祉。

雷根政府在發表「星戰計畫」（Star Wars）後，蘇聯因為軍備擴張競爭，無法承受經濟上的負荷，體制日趨僵化、內政疲乏，最終因此解體，分裂為十五個共和國。

習近平以蘇聯解體的歷史為借鏡，為了不重蹈戈巴契夫的覆轍，極力避免接觸改革重組及開放政策。但隨著新冠肺炎疫情爆發，中國的經濟向下沉淪，在許多方面都不如預期。

日本過度依賴中國經濟，在斬斷供應鏈之後，危機也立即浮現。

在中國，共產黨的獨裁權力能夠自由操縱資訊，對黨不利的消息必定會遭到封鎖。在二〇一九年十月，就已出現新冠肺炎流行的異常狀態，但中國當局不但選擇隱蔽真相，還將告發的醫生視為罪犯。其後，這位李文亮醫師逝世的報導，震撼了整個中國。狀況絲毫不見改善，中國的製造業少說也停滯了半年，生產計畫已經全被打亂。中國政府在持續增加貨幣供應量之後，終於也宣布降息。如果經濟成長的資訊屬實，那麼政府的做法理當是升息而非降息，這也正顯示了中國對外宣稱的，與事實恰巧相反。

事實上，中國的經濟之前就已出現走下坡的趨勢。

第一，由於川普發動中美貿易戰，中國頓時失去了出口競爭力。這立刻導致中國銀行系統出現美元資金短缺的問題。大張旗鼓推行的一帶一路，也在世界各地受阻。

第二則是川普祭出了華為禁令，簡單來說就是「中國版的東芝事件」（實體清單），讓高科技技術更不容易轉移至中國，再加上有大量中國間諜被舉報，在次世代技術的競爭上，中國想要達成霸權，絕非易事。（按：東芝事件是指，日本東芝機械和挪威的孔斯貝格等公司，違反巴黎統籌委員會的協議，出口工具機給蘇聯，該工具機可用於提升蘇聯攻擊核潛艇螺旋槳的製作技術，在美國引起騷動。）

第三，是川普強勢禁止中國企業的併購策略（M&A），並且不讓中國企業的股票在華爾街上市，甚至命令中國企業出售過去收購的案件（二〇一八年，中國的北京中長石基信息技術公司收購 StayNTouch 的案件，被認定為構成侵害美國國家安全的威脅，因此在總統的命令下，轉讓所有 StayNTouch 的股份）。

第四項預兆，則是促使同盟國家停止輸出半導體製造設備至中國，藉此阻止中方達成「中國製造二〇二五」的目標。

第五，積極促成臺灣企業等將工廠轉移至美國。台積電和鴻海精密工業等企業，擔心川普政府採取報復性手段，也因此避免將新技術投入中國的工廠，轉而在美國增設新廠。往後的高科技競爭，不僅直接關係到軍事擴張，由於擔憂中國的武器系統大幅凌駕美國的軍事力，川普從多方面發動政策，為中國共產黨的體制崩解，設置了新的導火線。

美國接下來四年，將會怎麼走？

二〇一六年美國總統大選時，川普在紐澤西州選區輸給希拉蕊。但在該州的民調顯示，民主黨不受當地年輕選民青睞，而川普的支持率正在提升。

偏遠地區舉行的川普競選集會上，有些熱情的共和黨員，早在三、四天前就搭起帳篷排隊，等待川普到來。至於在堅持左派立場的民主黨集會上，雖然還是看得到富有熱誠的年輕選民，但整體上來說並不一致，整個黨給人缺乏熱情的感覺。

屬中立派的拜登，已經顯出老態、滿臉皺紋、毫無精神、缺乏魄力。甚至會搞錯數字跟人名，有次居然說出「若當選，將成為參議院議員」等，多次的失言，讓周遭的人常替他捏一把冷汗。作為一個候選人，就要展現充足的活力，讓民眾感受到才對。

在美國黨內初選時，我曾去了一趟美國，主要是想見識一下總統初選的戰況。那時武漢肺炎疫情還沒有像現在嚴重。雖然把行程延到三月，也還是能入境，但需要隔離兩個星期，所以已經算相當幸運了。

紐約的新著名景點，不用多說就是「川普大廈」了。座落在第五大道東五十七街的這棟大樓，門口前站了一群手持槍械的維安警察，許多觀光客站在他們前面拍攝紀念照，大廳設置了安全檢查站。承租一樓的古馳（GUCCI）生意還不錯，另一邊的蒂芙尼（Tiffany）則是關著門。

二樓原本有家日本料理店，現在改成「川普餐廳」跟「川普酒吧」。電梯大廳則是販售川普周邊商品（像是帽子、T 袖等）的商店。價格是一般店家、攤販售價的兩倍，不過聽說這才是「標準價格」。

紐約到處都可以買到這些川普周邊商品，但沒有販售彭博、桑德斯、以及（當時）尚未被提名為民主黨總統候選人的喬．拜登的玩偶。我找到一家開在唐人街北邊，小義大利區的紀念品店，向店長詢問玩偶的事情，「我也支持拜登，」他這麼回答後，還去倉庫幫忙找庫存，最後告訴我：「沒貨了。下個月應該就到貨了吧。」

簡單來說，當時全美都瀰漫在一股「拜登贏不了」的氛圍下，就連玩偶製造商也不想生產太多產品。

曼哈頓唐人街原本應該有著濃厚舊曆年節氣氛，但在新冠肺炎的影響之下，失去了原本的活力。不只傳統的舞龍舞獅等節慶活動因此暫停，禍不單行的是，華人博物館失火，造成約八萬五千件「貴重的」展示品焚毀。這場大火，不知是否象徵中國沒落的一種前兆。

而且，我當時很偶然的就在火災現場。為了滅火而噴進大樓的水，大量流到馬路後形成了一條河，使得附近交通一度中斷。

附近公園的孫文銅像前，聚集一群老爺爺和老奶奶，從白天開始就在玩麻將、撲克牌，賭的當然是現金。即使附近歷史悠久的華人博物館燒毀了，他們仍然無動於衷。

唐人街上的律師事務所相當醒目。由於簽證的核發變得更嚴格，使得留學生相對減少，當局同時禁止即將臨盆的中國婦女入境。新冠肺炎疫情爆發後，中國人想申請入境的難度越來越高，為了合法取得居留資格，可協助獲得國籍的律師事務所，自然是生意興隆。

那麼堅韌的中國人還做些什麼事？答案是在街頭賣名牌仿製品。在警察嚴格取締下，他們擺在路邊的小攤只放了目錄、商品相簿吸引客人。我探問了一下價格，路易威登（LV）的小型包包要二十五美元。當我想拍張照片時，對方立刻怒氣沖沖的上前怒罵。

隔天，我前往新中國城。

舊中國城是由早期苦力貿易時代的移居勞工形成的區域，居民大多來自廣東。而新一批福建省出身的移民到來後，遭到廣東人排擠，戰後便遷徙到拉瓜地亞機場附近的法拉盛（Flushing）建立新的中國城。目前人口總計約四十萬，當地有百貨公司、中文書店，甚至是中藥行。（按：多半以「皇后區中國城」或法拉盛華埠、小臺北稱呼。另外，作者針對中國城的說明內容，其實是曼哈頓唐人街裡面，分成東〔後期移民，福州人為主〕、西〔早期移民，廣東人為主〕兩個地區的原因，但作者實際去的應該是法拉盛，這裡最早的移民其實是臺灣人。）

時間正逢農曆新年，這裡的街道還能看見舞龍舞獅的隊伍。十字路口雖掛滿了五星旗，但不論參加遊行的臺灣人、客家人都同舟共濟，壓軸的是「反北京」立場鮮明的法輪功，一行人帶領著樂團，大陣仗的遊行隊伍綿延不斷。目測遊行人數應該超過一千人，而且全部都穿著制服。

這時天空下起冰冷的大雨，我為了取暖，跑進附近的一家中式餐廳，裡面人滿為患。我發現，只要來客是熟人，服務人員都會給壓歲錢（紅包）。中國的傳統習俗，確實活在紐約中國城裡。

第四十二街（時報廣場）是初次造訪的遊客必來之處，有很多穿著迪士尼和好萊塢電影戲服的丑角。霓虹燈廣告塔上顯示的是中文。他們連天線塔的廣告位置都出手包下了。

紐約市還出現另一個新景點。就是位於西十四街上，新設立的「KGB 間諜博物館」。入口處有一尊史達林的大頭像，門票是十七美元。而吸引我目光的，卻是「雨傘」。

各位想必會疑惑：「傘？」是的，就是「那把傘」。

過去，有起 KGB 策劃的案件，是在倫敦地下鐵出口，刺殺一名保加利亞間諜。當時查出，在該起案件使用的雨傘頭尖端塗了劇毒。據傳總共做了三把這樣的雨傘。那麼，其中有一把放在美國 KGB 博物館，應該不足為奇吧。其他像是重現捷爾任斯基（Felix Dzerzhinsky，KGB 前身組織創辦者）的首長辦公室，裡頭展示了當時最先進的密碼解讀機、通訊設備等。

中國經濟出現負成長，第一季 GDP 衰退六・八%

工廠停工、生產線停止運作，勞工無法回到崗位，鐵路空空如也，沒有飛機起降，不管是長距離巴士或是地下鐵，全都停擺了。

來自各國的入境人士急遽減少。美國和其他主要國家不僅限制中國湖北省、浙江省的旅客，更是直接宣布禁止中國人士入境。不論習近平如何大聲疾呼「沒問題。疫情很快就會結束」，但民眾完全不相信他的說法。

稍微看一下現狀，就能了解中國經濟的衰退有多嚴重。

依據正式的資料，新車銷售數字光二〇二〇年一月就衰退了一九％，二月更是減少了七九％。只要看看都會區重要幹道交通路況的影像，便可以實際了解路上行車減少的情況。汽油的消耗量也急遽降低。光從這兩點就能聯想到，GDP將下跌至少二〇％，或者更多。

有中國的經濟相關高級官員也投稿中國經濟論壇表示：「二〇二〇年中國第一季GDP成長率，明確顯示無法達成全國人大所指示的六％目標，恐怕將會是〇％、或是負成長。」（按：二〇二〇年四月，中國國家統計局公布，中國第一季GDP成長率為負六．八％，史上首見負成長。）

新冠肺炎疫情或許不久之後就會過去，但工廠不知是否還有辦法再次雇用員工、中小企業倒閉、隨之而來的大量裁員等，重建都需要耗費不少時間。二〇二〇年中國的GDP成長率，應該會負成長兩位數吧。

對此，有關當局採取降息，增加貨幣供給，試圖讓國營企業籌措資金更順暢，但不管是從國外銀行借款，或是靠償還以美元計價的公司債債券等，都陷入僵局之中。

試圖緊抓住救命稻草的中國，又不幸遇上習近平的國賓訪日行程延期，看來終將走向窮途末路。

全球的「反中浪潮」，今後將如何發展？

二〇二〇年四月九日，國際貨幣基金組織的總裁克里斯塔利娜・格奧爾基耶娃（Kristalina Georgieva），將新冠肺炎疫情所引發的全球經濟衰退，定調為「過去百年來最嚴重」。

美國宣布全國進入緊急狀態後，約有四十三萬人自海外返國，但仍有四萬人前往海外。尤其全美十七個主要都市，都有來自中國的直飛班機，總計約有一千三百個航班飛往美國各處，這也成為美國感染人數直線攀升的幕後因素。

川普在二〇二〇年四月一日的記者會上，公開預測「犧牲者還會持續增加」，並且呼籲人們戴上口罩。甚至還出現「死亡人數最多可能高達二十四萬人」這種爆炸性發言。

奇異電氣與達美航空的子公司，也以美國《國防授權法案》中的《國防生產法》為法源，投入口罩生產。不過，川普也表示，即將於十一月三日舉辦的總統大選，目前還沒有延期的計畫。

美國中情局在給總統的報告中提及：「中國目前仍有六千萬人處於被封鎖的地區，光是武漢的死亡病例就高達五千人以上，事態很可能比我們想像中的還要嚴重。」川普政府一直以來，都對中國發表的數據抱持著「不信任」（當時的國務卿蓬佩奧的用語）的態度。

知名智庫美國企業研究院（AEI）也在二〇二〇年四月七日的報告中指出，「中國的預估死亡病例數，為十三萬六千人。（按：四月十一日臺灣中央通訊社的新聞〈武漢肺炎／美國學者推算 湖北以外中國至少三百萬人染疫〉中，美國企業研究所發表題為「中國沒通報近三百萬人染疫」的分析報告指出，自從武漢肺炎疫情由湖北省武漢市蔓延全球，中國政府一直在操作全方位的假消息宣傳，包括謊報染疫人數等。）

日本媒體也不採信世界衛生組織的統計數據，而是引用了美國約翰霍普金斯大學所統計出的，新冠肺炎確診病例數及死亡病例數，因為資訊既迅速又正確。

「WHO之所以會失敗，就是因為他們的中國中心主義。」（川普）

「世界貿易組織協助中國行使這場騙局。」（美國參議員馬可・魯比歐）

輿論充斥著「排除中國」的論調，不僅止於批判世界衛生組織，中國過去違反世界貿易組織規定的行為，也連帶受到抨擊。

全美「反中」的情緒逐漸升溫，美國民眾對於中國不願坦承疏失，毫無歉意的以高姿態提供醫療協助的行為，以及挑釁般的捐贈口罩，逃避責任卻又盛氣凌人的態度，感到相當的不滿。

相較於美國，日本可能沒什麼切身的感受。但激昂的反中浪潮，已經難以在短期之內控制，群眾間也產生共識：「這是新冠肺炎帶來的教訓。」、「要與中國保持距離。」這樣的思維，更是在美國的媒體、知識分子、意見領袖間持續發酵，也突顯出美國的醫療用品仰賴中國出口的情況，更促使民眾普遍提升對中國的危機意識。

美國國家經濟委員會主任賴利・庫德洛在二〇二〇年四月七日樂觀表示：「再過八個星期，美國經濟能解封。」但根據民意調查，如今至少有四分之三的美國民眾，都已經受到武漢肺炎疫情的負面影響。

到了四月，印尼的確診病例數急速上升，當地恐怖分子以中國人為目標，開始放火焚燒中國商店，中國城遭受攻擊的風險大大提高，已經全面進入警戒模式。

印尼過去也曾發生排華暴動，雅加達的中國城遭到襲擊。二〇一四年五月，越南也發生反中國暴動，當時有十幾名中國人慘遭殺害，其中甚至有臺灣人被誤認而因此犧牲，其後約有八千名在越南的中國人逃回中國。

隨著疫情漸趨嚴峻，俄羅斯自二〇二〇年三月底實施封鎖國境措施，但國內感染人數仍持續攀升，後來連被視作淨土的堪察加半島，也出現了確診病例。從隸屬於蒙古族的布里亞特人所居住的烏蘭烏德，到面朝北冰洋的莫曼斯克，與中國之間的邊境全部封鎖。俄羅斯以維持貿易為主要考量，建立表面上的中俄友好關係，但就民族情感上，從過去就相當排斥中國，直到現在仍有部分人士稱呼中國為「kitai」（源自十世紀初創建遼國的「契丹」）。

相較於歐美和日本對疫情採取最高警戒，中國完全呈現反向操作的模式。自二〇二〇年一月二十三日後，中國武漢已經封鎖了七十六天，在四月八日草率的解除了封鎖。

武漢有兩個車站，分別為漢口站與武漢站。另外還有漢陽站，但唯有老舊的建築結構，如同天然遺跡一樣留存著。

高鐵雖然採取預約制，但在解除封鎖後首日，一大早就有許多民眾不知道從哪裡拿到票，拖著大量行李等待發車。如果沒有票，是進不去中國的高鐵車站的，買票時也需要身分證，外國人則必須出示護照，每張車票都印上身分證號碼。

當天從武漢乘坐高鐵離開的民眾，約有五萬五千人，搭乘約一百個飛機臨時航班、約有一萬一千人，也有不少人選擇自行開車。從市區前往武漢機場有一大段距離，我曾實際從市區搭計程車到機場，記得大概需要四十分鐘的車程。

總之，一群無症狀感染者就這樣散布到全中國，他們難道不怕發生第二波感染嗎？不對，中國政府既然在政治宣傳中，堅稱武漢零確診也零死亡，如果還提到第二波感染，可就等於說溜嘴了。

接踵而來的問題堆積如山，但中國政府從未試圖解決，而選擇隱蔽真正的資訊，卻仍然高聲疾呼：「我們擊退新冠病毒了，在偉大的習近平主席指導下戰勝了疫情，全世界應該要感謝中國。」但，周邊國家及美國，仍拒絕讓中國的航班入境。

不僅如此，連接香港與澳門的渡輪，以及行駛於海上橋梁的巴士也遭到勒令停駛，失去交通連結的澳門處於孤立無援的狀態。在這種情況下，解除武漢地區的封鎖，難道不嫌太過草率嗎？

民眾的移動人數並非毫無限制。例如因為出差等原因，因為武漢封鎖而滯留，受困在當地的其他省居民，就有優先離開武漢的權利。這些人乘坐高鐵前往北京、上海、廣州、成都等地，都可能增加第二波感染的風險。例如北京，就限制一天只能接受一千名從武漢返回的民眾。但武漢飛往北京的航班，仍是禁止的狀態。

那麼，武漢市區的實際狀況又是如何？

道路持續進行消毒作業，民眾購物時都要保持一公尺以上的距離，店內限制只能容納十五人。光是去一般店家購物，都要先通過臉部辨識系統、用智慧型手機出示健康證明，再經過消毒後，才能走進店裡。進入其他建築物時也是一樣，連鞋底都要消毒。

通勤時間的街道上，也只恢復了平常兩成到三成的人潮與車潮，跟日本首都圈鐵路和地下鐵空蕩蕩的景象如出一轍。民眾的群聚活動一律禁止，咖啡館和餐廳也依舊歇業。路上人煙稀少，跟封鎖期間的景色幾乎沒有太大的差別。武漢要回歸原貌，可能得花一年以上的時間吧。

藉疫情圖謀世界霸權

厚顏無恥的中國，可說是笑裡藏刀。

中國表示「全世界應該感謝中國迅速遏止新冠肺炎疫情」，並捐贈口罩、醫療設備給疫情災區的義大利、西班牙，更派出特別支援小組。實際上，新型冠狀病毒在歐洲已變異為更致命的病毒，因此據傳中國派遣醫師的主要目的，其實是為了調查歐洲的病毒突變株。

另一方面，荷蘭退回了中國製的六十萬片瑕疵口罩，澳洲退還了有缺陷的中國製防護服，西班牙也退回了品質不良的檢驗試劑。簡而言之，這就是一個典型的「趁火打劫」，就像強盜出售偷來的物品給受害者一樣。經過這次疫情，世界又再一次體認到中國人的拿手絕活——趁亂販賣假貨。

習近平在美中首腦通話中，表現出一副「中國可以幫助美國」的態度。對此，川普則在推特上回應「滿意」，這反映出了川普的憤怒。中國提出可捐贈美國口罩和醫療設備，然而實際上，紐約州收到了阿里巴巴的馬雲捐贈的一千臺呼吸器。

藉著這波混亂的局勢，中國趁勢出口了四十億片口罩，特別是對口罩有迫切需求的美國，以高價進口了中國口罩。同時，聯合國屬下的世界衛生組織聲稱，臺灣並非「主權國家」，堅持阻撓臺灣成為觀察員。

中國擁有駭客部隊，非常善於透過社群網路散播假資訊，中國網路部門一邊痛斥臺灣對世界的醫療貢獻是「政治伎倆」，一邊將中文版維基百科中武漢肺炎的項目改為「臺灣肺炎」，並將志村健的死因竄改為「死於臺灣肺炎」。

與此同時，鑒於全球陷入疫情困境，臺灣宣布將捐贈一千萬片口罩——其中分別為美國兩百萬片，義大利、西班牙、法國等歐洲十一個國家共七百萬片，並免費提供一百萬片口罩給有外交關係的友好國家。

日本有一家名為日本光電（Nihon Kohden）的企業。

這家醫療儀器製造商，不起眼到被投資者忽視，公司總部位於東京都文京區，主要工廠座落於埼玉縣。自二〇二〇年初至三月中旬，該公司股價幾乎持平不變，一直在三千日圓至三千五百日圓附近徘徊。

三月十三日，美國總統川普宣布進入國家緊急狀態。日本光電的股價突然飛漲，一度突破四千五百日圓的關卡。從那之後，投資人的興趣突然減弱，股價在固定區間波動。

日本光電是呼吸器製造商，在日本很罕見。武漢肺炎造成突發性的呼吸器需求，截至當時，日本共有兩萬兩千兩百五十四臺呼吸器，其中有一萬三千八百三十七臺未使用，作為醫院的備用設備、存放於倉庫裡。畢竟根據報導，二〇一九年世界經濟論壇的專家會議上提出：「全球最多只需要七萬臺呼吸器。」

從中國蔓延至美國的中國病毒，眨眼之間就造成大流行，美國的死亡人數已經超越了中國。這時美國才驚愕的發現，美國不僅是口罩依賴中國，甚至連藥品、防護服、大部分的醫療設備都必須仰賴中國。

川普政府因此陷入了深沉的焦慮中，中國彷彿瞄準了這項弱點，讓馬雲經營的阿里巴巴捐贈了一千臺呼吸器給美國，受呼吸器短缺所苦的紐約州州長古莫（Andrew Cuomo），還為此對中國感激涕零，這使川普暫時軟化了對中國的批評。

不知不覺間，歐美國家和日本在醫療器材、藥品上都依賴中國，從有材料和縫紉機就可以手工製作的口罩，到防護服、檢查儀器、體溫測量計等廣泛的醫療設備領域。再加上感冒藥、止咳藥、退燒藥，甚至是更高級的止痛藥等藥品，都必須仰賴中國。

日本有七〇%的口罩依賴中國製造，醫院工作人員使用的防護服，也大都是中國生產的。自武漢肺炎以來，全球對呼吸器的需求已增長至一百萬臺，僅紐約州就急需三萬臺。然而，製造商已完全沒有庫存，即使提升生產線效率並擴大生產，仍處於供不應求的狀態。中國、瑞士、瑞典、日本都能量產呼吸器，其中中國的產量尤其突出。面對眼前的危急狀況，川普根據《國防生產法》要求福特汽車（Ford）、通用汽車、特斯拉將生產設備轉用於製造呼吸器，日本也對豐田汽車提出了相同要求。

然而，有個問題也隨之浮出檯面，呼吸器的核心組件是由瑞士製造，即使該製造商全力投入生產，也無法滿足廣大需求。中國外交部部長王毅，還為此催促瑞士的相關人士趕緊供貨。

瑞士的漢彌爾頓公司（Hamilton）是一家老牌鐘錶製造商，以精密零件和精湛的技術聞名，該公司還為羅氏（Roche）提供病毒檢測儀器的零件。中國也向漢彌爾頓購買了核心零組件，但該零件訂購量，卻不到中國四月分接受的呼吸器訂單的五分之一，因此中國只得暫停生產線，等待零組件到齊。

而這時就是外交部長王毅出場的時候了，漢彌爾頓在美國內華達州設有工廠，而該工廠已全面投入生產呼吸器，美國開始了一場與時間賽跑的抗疫戰爭。

向美國與日本航空業逼近的危機

事實上，中國和歐美各國都瀕臨恐慌邊緣，美國在三月十三日宣布進入緊急狀態後的短短三週內，就有一千七百萬人申請失業救濟金。大部分生產第一線都已停工，豐田、通用、日產、本田都在裁員，波音公司（Boeing）則面臨破產危機。

特別是美國工業的重心波音公司，從三月二十四日起關閉了位於西海岸華盛頓州的主要工廠，並徵求自願離職者，破產危機可說是迫在眉睫。波音陷入經營危機有兩個主要原因，首先是發生在印尼和衣索比亞的七三七 MAX 連續事故，這些事件使波音聲譽受損，導致其二月分只交付了十七架飛機，剩餘的未交付訂單只剩十八架。

第二個原因，不知道該說是管理散漫，還是執行長超乎常理的策略，從二〇一四年至二〇一九年，波音公司用於回購公司股票的資金為四百零六億美元，並花費了一百九十三億美元發放股利給股東，最後，公司的淨資產只剩下四億美元。

從川普上臺執政前後開始，華爾街的主流思想便是買進自家股票，並發放紅利給股東，其投資行為也是沿著上述的脈絡，這也是為什麼華爾街會迎來前所未有的繁華盛況和股價飆漲。武漢肺炎疫情發生之後，股市波動劇烈，並一口氣墜入熊市，川普的競選連任首次亮起黃燈。

波音僅在西雅圖工廠就有兩萬名員工，全球有十六萬一千名員工，如何保住這些雇用人員，將是一項艱難的挑戰。川普政府勢必將出手援救波音公司，但他會輕易的接受，波音向政府提出的六百億美元巨額援助嗎？

相比之下，空中巴士（Airbus）在法國和西班牙的工廠已經恢復營運，該公司積壓了大量訂單。然而，全球的國際線和國內線航班卻不斷取消，四四％的飛機停在世界各地機場的停機坪上。

當談到政府救援企業，許多人可能會想到克萊斯勒汽車（FCA）的艾科卡（Lee Iacocca）。這位神話般的知名企業家創造了奇蹟，讓克萊斯勒汽車轉虧為盈，他的自傳也成為暢銷書，全球銷量達七百萬本。然而，這項奇蹟其實只是假象。

艾科卡的本質和卡洛斯．戈恩（Carlos Ghosn）有許多相似之處，畢竟，正如他的名字一樣，艾科卡的行事作風充滿義大利人的風格。他利用自己與不正派黑手黨的友好關係，胡亂進行投資與合作等，阻礙了企業的發展。

與黑手黨有交情的承包商，以及大量「滯銷」的新車，使艾科卡突然被福特汽車解任總裁職位。取而代之的是，競爭對手克萊斯勒聘請艾科卡擔任新任總裁。但替克萊斯勒開闢重建之路的，其實是美國政府。當時美國向日本施加強大的壓力，要求日本自願限制出口。隨後，聯邦政府還提供克萊斯勒十五億美元的貸款擔保。

如果波音公司申請企業重整法，重組為新公司，雖然可以與員工重新簽約並減輕負擔，但卻會導致信譽受損，在道德風險上為人詬病，投資者將會對其避而遠之。

順帶一提，川普的私人飛機是由波音公司製造，在川普即將就職總統時，他曾試圖將自己的私人飛機轉用為總統專機，但鑒於通訊設備和安全警戒原因，總統專機最後還是使用現有的空軍一號，而日本的兩架政府專用機都是波音七七七。

根據理索納綜合研究所於四月九日發布的模擬報告指出，日本宣布進入緊急狀態之後，全國的消費預計將減少約四兆九千億日圓，因人員移動減少，特別是住宿業、交通運輸業、餐飲業、服飾業等行業將受到衝擊。

豐田已向一家主力銀行要求一兆日圓的紓困貸款，全日空則是提出三千億日圓的資金調度，其他大型企業也都陷入同樣的困境。經營優衣庫的迅銷公司，將預期收益下修至一千億日圓。連鎖居酒屋因疫情而無法營業。過去將中國視為搖錢樹的資生堂，這次也因中國的銷售額銳減，而導致其業績減少二〇％，各行各業哀鴻遍野。

實際上，日本九〇％的國際航班已經取消，國內航班也大幅減少，飯店業生意蕭條，一部分商務飯店甚至暫停營業。

理索納綜合研究所預測，日本第二季度的GDP將下降一〇．八％，其實就算下降二〇％也並不讓人意外，這次的經濟衰退將會持續很長一段時間吧。

東京奧運已經確定延期（按：延至二〇二一年七月二十三日）。

職業棒球比賽推遲，高中棒球比賽取消，大相撲舉行了無觀眾比賽，迪士尼樂園持續休園。在諸多困境的重重包圍下，國際奧委會與日本政府決定延期舉行東京奧運。日本經濟將遭受多大的損失呢？預估至少為一兆三千五百億日圓，並將導致GDP下降一．五％。

舉辦東京奧運會所需的資金中，首都東京提供兩千九百七十億日圓；組織委員會提供六千零三十億日圓；日本政府提供一千五百億日圓，從二〇一三年至二〇一八年間，東京奧運已在建設、籌備相關費用、體育場館建築等項目投入約一兆日圓。對於日本來說，除了研討當前的新冠肺炎應對政策，政府應該建立一個更長遠的明確願景，來激勵日本國民。就像中國提倡的「中國製造二〇二五」，和美國提出的「軍事轉移二〇三〇」，日本也必須擬定像是「重造日本二〇三〇」的口號，提出振興產業的各種政策。

美中其實已經形同開戰，臺灣怎麼選？

人類和日本，該如何克服中國帶來的武漢肺炎疫情？

無論如何，世界都在往封鎖中國的方向前進。歐盟的猶豫不決，中俄之間的蜜月期都即將消失，如此一來，前首相安倍提倡的「日中新時代」，聽起來就像是癡人說夢一樣。特別是美國目前正準備對中國提起損害賠償訴訟，美中對立正在加劇。

由哈佛大學的專家們組成的調查團隊，提出了一個最壞的情況，他們認為，新冠肺炎疫情將持續至二〇二二年，儘管疫情好轉，那也只是暫時的，間歇性的疫情將會一直持續到二〇二四年。即使發明了疫苗，或是大幅改善醫療手段和設備，專家預測仍會有第二波、第三波感染，預防新冠肺炎的體制將持續至二〇二二年。換句話說，未來三年至四年，人們仍需生活在新冠肺炎的陰影下，這項預測使民眾不得不悲觀。

馬丁．沃爾夫（Martin Wolf）在《金融時報》（*Financial Times*，四月十五日）上表示：「這是自第二次世界大戰以來，世界面臨的最大危機，也是自一九三〇年代大蕭條以來最大的經濟災難。」、「我們終將會度過這個難關，但等待我們的卻是未知的未來。而且，一部分的不確定性，將取決於短視的領導者們，如何應對這一波全球性威脅。」

等待著我們的，可能將是一場戰爭。

蘇聯過去在美蘇冷戰中敗北，全球成為以美國為中心的多極化世界（按：相對於美蘇兩極），美國已經恢復霸權地位，但過去三十年間，中國的崛起令人矚目。美國抱持著幻想，認為「中國只要富裕起來，就會民主化」，而這個幻想支撐了中國近來的發展。

部分人士在過去一段時間內，曾相信世界未來將形成「兩國集團」（簡稱為G二，由美國和中國共同瓜分世界）的局面。然而，當中國彰顯出軍事實力，並威脅到美國的霸權地位時，美國的對華政策發生了一百八十度的轉變。根據一個歷史法則「修昔底德陷阱」，霸權國家將壓制新興強國崛起。正當人們認為不可避免的美中對立，將會為新世界帶來多極化和分化的時候，卻爆發了武漢肺炎疫情。世界從根本上改變了對中國的看法，中國現在可謂是四面楚歌。

而最終結局又將走向何方？

就算爆發常規戰爭，也只會停留在局部戰爭（按：在侷限區域內的戰爭）或代理人戰爭

（proxy war）的層級。畢竟，如果雙方對彼此發動核武，將會導致人類滅亡，這是美國和中國的共識，也是全世界的常識。

世界最終戰爭這一詞彙，看似是個誇張的比喻，但即使中美之間沒有發生熱戰，目前的中美衝突實際上已經是處於戰爭狀態。過去的高關稅貿易戰，已經轉變為一場施行排除華為等舉措、爭奪高科技的技術戰爭。網路戰爭（Cyberwarfare）也在肉眼看不見的空間中進行著。接下來還將發生美國凍結中國在美資產的金融戰爭。無論如何，我們將有可能看到最終的結局。

日本必須做好充分覺悟，做出正確的趨勢判斷（按：對臺灣及周邊國家來說，也是必須思考的問題）。

Biz 342

新冠後，中國與世界的最終戰爭

源自中國的疫情戰勝了「讓美國再次偉大」，中美臺的下一步如何發展？哪種情況下、誰會自滅？

作　　者／宮崎正弘
譯　　者／林佑純
校對編輯／張祐唐
美術編輯／張皓婷
副 主 編／劉宗德
副總編輯／顏惠君
總 編 輯／吳依瑋
發 行 人／徐仲秋
會　　計／陳嫤娟、許鳳雪
版權經理／郝麗珍
行銷企劃／徐千晴、周以婷
業務助理／王德渝
業務專員／馬絮盈、留婉茹
業務經理／林裕安
總 經 理／陳絜吾

國家圖書館出版品預行編目（CIP）資料

新冠後，中國與世界的最終戰爭：源自中國的疫情戰勝了「讓美國再次偉大」，中美臺的下一步如何發展？哪種情況下、誰會自滅？／宮崎正弘著；林佑純譯. -- 初版. -- 臺北市：大是文化, 2021.01
256 面；17 × 23 公分. --（Biz；342）
譯自：「コロナ以後」中国は世界最終戦争を仕掛けて自滅する

ISBN 978-986-5548-22-3（平裝）

1. 中國大陸研究　2. 國際關係　3. 政治經濟

574.1　　109015518

出 版 者／大是文化有限公司
臺北市 100 衡陽路 7 號 8 樓
編輯部電話：（02）2375-7911
購書相關資訊請洽：（02）2375-7911 分機122
24小時讀者服務傳真：（02）2375-6999
讀者服務E-mail：haom@ms28.hinet.net
郵政劃撥帳號 19983366　戶名／大是文化有限公司

法律顧問／永然聯合法律事務所
香港發行／豐達出版發行有限公司 Rich Publishing & Distribution Ltd
地址：香港柴灣永泰道70 號柴灣工業城第2 期1805 室
Unit 1805,Ph .2,Chai Wan Ind City,70 Wing Tai Rd,Chai Wan,Hong Kong
Tel：2172-6513　Fax：2172-4355
E-mail：cary@subseasy.com.hk

封面設計／孫永芳
內頁排版／陳相蓉
印　　刷／緯峰印刷股份有限公司
出版日期／2021 年 1 月初版
定　　價／新臺幣 360 元
ISBN　978-986-5548-22-3（平裝）

Printed in Taiwan